Uri Avnery

Wir tragen das Nessos-Gewand

Israel und der Frieden im Nahen Osten

Verlag J. H. W. Dietz Nachf.

Die Deutsche Bibliothek – CIP-Einheitsaufnahme

Avnery, Uri:
Wir tragen das Nessos-Gewand : Israel und der Frieden im Nahen Osten / Uri Avnery. – Bonn : Dietz, 1991
(Dietz-Taschenbuch ; 40)
ISBN 3-8012-3040-6
NE: GT

In der Raste 2, D-5300 Bonn 1
Lektorat: Martin Rethmeier
Umschlag: Manfred Waller, Reinbek
Fotos: Herlinde Koelbl (Autor)
und E. Baitel/C. Hires – Gamma, Paris
(Unruhen in Ost-Jerusalem)
Gesamtherstellung: Ebner Ulm

Printed in Germany 1991

Der Vierte Weltkrieg
7

Wo liegt Israel?
26

Der aufgezwungene Frieden
47

Das Nessos-Gewand
63

»Mit den Wölfen tanzen«
74

Die Kluft
88

»Noch nie so gut«
96

Auf dem Vulkan
112

Der Autor
126

Der Vierte Weltkrieg

Nahe bei Tel-Aviv liegt der Vorort Bnei-Brak (»Söhne des Blitzes«). Die Einwohner sind ultra-orthodoxe Juden, mit Schläfenlocken und schwarzen Kaftans. Im Golfkrieg geschah dort ein Wunder: Ringsherum fielen Scud-Raketen und richteten Unheil an. Bnei-Brak aber blieb unversehrt. Es war ganz klar: Der Gott Jehova hatte es persönlich unter seinen Schutz genommen. Bnei-Brak ist nur ein Beispiel. Dieser Krieg nimmt sich in Israel wie ein Wunder Gottes aus. War er es wirklich?

*

Für Israelis war es ein seltsamer Krieg.

Der junge Staat hat schon einige Kriege mitgemacht und miterlebt. Er hat sich daran gewöhnt, daß ein permanenter Kriegszustand besteht. Auch gesetzlich existiert seit 1948 ein andauernder »Notzustand«. Etwa alle zehn Jahre bricht ein großer Krieg aus: 1948 der Unabhängigkeitskrieg, 1956 der Sinaikrieg, 1967 der Sechs-Tage-Krieg, 1973 der Jom-Kippur-Krieg, 1982 der Libanon-Krieg, schließlich 1991 der Golfkrieg, und ein paar »kleinere« Kriege in den Zwischenzeiten.

Für Israel ist der Kriegszustand also »normal«, die Idee des Friedens dagegen »unnormal«, ungewöhnlich. Kein Israeli hat jemals einen Tag Frieden in seinem Lande erlebt. Spricht man in Israel über Frieden, dann hört das sich an wie ein Science-Fiction, so, als ob man über einen anderen Planeten redete, über eine schöne, aber unvorstellbare Welt. Angst vor dem Krieg hat man nicht, denn man weiß ja genau, was man dann zu tun hat. Der Frieden hingegen ist ein unbekanntes Territorium und macht daher Angst. Darin liegt vielleicht das größte Problem jeder Friedensbewegung in Israel begründet.

Alle Kriege seit 1949 haben sich weit entfernt von Israels Städten abgespielt. Kein Israeli hat jemals das erlebt, was Russen, Deutsche und Engländer im Zweiten Weltkrieg mitgemacht haben, von Japan ganz zu schweigen. Zwar haben im Zweiten Weltkrieg italienische Flugzeuge von Rhodos aus Tel-Aviv und Haifa für kurze Zeit bombardiert, was die Ägypter 1948 noch einmal kurz wiederholten. Aber seitdem hat die israelische Armee alle Kriege in Feindesland ausgetragen, fern von Israel selbst. Soldaten sind gefallen und zum Mittelpunkt eines nationalen Heldenmythos geworden. Aber Kriege waren nie schrecklich, nie schreckenerregend im ursprünglichen Sinne des Wortes.

Der Golfkrieg nun war anders und daher traumatisch in seiner Wirkung. Die israelische Armee mußte passiv zusehen, wie andere gegen den Irak kämpften. Alle Israelis saßen in sogenannten »hermetisch abgeschlossenen Räumen« – in Wirklichkeit oftmals nicht mehr als Zimmer mit Fenstern, die mit Papier abgedichtet waren. Ausgerüstet mit Gasmasken (und Gasschutzbehältern für Kleinkinder) saßen sie in diesen Zimmern, manchmal mehrere Male während einer Nacht, und warteten zitternd auf die eigens für sie bestimmten Raketen. Manche waren der Panik nahe. Viele Tel-Aviver übernachteten außerhalb ihrer Stadt und wurden von ihrem in Berlin geborenen Bürgermeister dafür als Deserteure beschimpft.

Am Ende geschah wenig. Die alarmierenden Meldungen über Gasraketen und ihren Einsatz haben sich als irakischer Bluff erwiesen. Die »konventionellen« Scuds, gegen die »hermetisch« abgeschottete Räume nicht viel Schutz bieten konnten, haben während des ganzen Krieges einen einzigen Toten gefordert – weniger, als durch Verkehrsunfälle während eines Durchschnittstages in Israel umkommen. Außerdem sind acht Israelis durch Herzanfälle und infolge falscher Benutzung der Gasmasken ums Leben gekommen.

Um es mit den Worten des ehemaligen Verteidigungsministers Jitzchak Rabin auszudrücken: Es war für Israel ein »Krieg de Luxe«. Auch wirtschaftlich gesehen war der Krieg »billig«. Ein paar Häuser wurden zerstört, gewisse Einnahmen fielen aus. Aber Amerika, Deutschland und andere haben das zum

Teil wieder gutgemacht. Es klingt fast paradox, aber man hat uns dafür belohnt, daß wir *nicht* gekämpft, uns *nicht* eingemischt haben.

*

Was hat Israel in diesem Krieg gewonnen?

Die ganze Welt hat Israels Zurückhaltung bewundert. Und sie kam ja auch einem Wunder gleich. Kein Volk läßt sich gern ungestraft bombardieren, das israelische schon überhaupt nicht. Die schnelle Vergeltung, das doppelte Zurückschlagen gehören zum Credo des israelischen Machismo und bilden, vielleicht gezwungenermaßen, die Basis der israelischen Sicherheitsdoktrin. Dessenungeachtet hat sich Israel für Zurückhaltung entschieden. Und dies nicht nur, weil es von Amerika dazu gezwungen (oder bestochen) wurde. Auch die sogenannten »einfachen« Israelis, Gemüsehändler und Taxifahrer beispielsweise, die sonst in solchen Fällen Feuer spucken, waren diesmal für eine zurückhaltende Position. Das Volk war also bei weitem vernünftiger, als man es gewöhnlich von ihm erwartet.

Besonders interessant erschien die Haltung Jitzchak Schamirs. Zurückhaltung, Selbstüberwindung, das heißt auf hebräisch »Hawlaga«. Hawlaga war die offizielle Doktrin der zionistischen Führung während des arabischen Aufstandes 1936, gegen die sich der Irgun, die rechte Untergrundbewegung, auflehnte. Zu seinen Mitgliedern gehörte damals der junge Jitzchak Schamir. Er ist praktisch im Kampf gegen die Hawlaga aufgewachsen. Doch diesmal hat er die Hawlaga-Politik angeführt und sich nur gegen das Wort gesträubt.

Die Hawlaga hat sich gelohnt. Das Image Israels in der Welt ist ein vollständig verändertes geworden, zumindest zeitweilig. Israel ist nicht mehr der Gewaltstaat, der Beirut bombardiert, Palästinenser unterdrückt, Intifada-Kinder und -Frauen erschießt. Israel ist wieder so wie es früher einmal war: ein kleines und braves Volk, das sich gegen seine »bösen«

Nachbarn wehren muß und trotzdem auf Vergeltung verzichtet, »die einzige Demokratie im Nahen Osten«.

Die Palästinenser dagegen, die noch gestern als Opfer der Unterdrückung galten, standen am Tage nach dem Krieg in einem ganz anderen Licht da. Hatten sie nicht dem Tyrannen von Bagdad zugejubelt, auf den Dächern gestanden und geklatscht, als die Raketen auf israelische Städte fielen? Hatte Jassir Arafat nicht Saddam Hussein umarmt und geküßt? Die Palästinenser selbst haben es Israel leichter gemacht, sie vom Verhandlungstisch zu verdrängen und damit das gesamte Palästinenserproblem einfach zu ignorieren.

Seit Ausbruch der Intifada waren die Rollen in den Augen der Welt vertauscht worden. Israel erschien nunmehr wie Goliath, die Palästinenser dagegen wie David. Jetzt ist alles wieder beim alten: David ist abermals ein Israeli, Goliath ein Philister – der Name Palästina ist ja nichts anderes als eine griechische Bezeichnung des Philisterlandes.

Der Hauptgewinn Israels ist militärisch. Die irakische Streitmacht, die in Israel stets als die beste arabische Armee galt, ist zum großen Teil vernichtet, und damit ist auch die Idee der »östlichen Front«, zumindest zeitweilig, beseitigt. In zahlreichen schlaflosen Nächten wurden israelische Generäle von dieser Bedrohung geplagt. In einer militärischen Koalition Syriens, Jordaniens und des Irak, mit saudi-arabischer und auch iranischer Unterstützung, sah man eine konkrete Gefahr, sogar in einem konventionellen Krieg. Gewaltige Panzerverbände und Luftgeschwader, zudem Giftgas und biologische Waffen vor dem Hintergrund eines nuklearen Potentials – all das zusammen kam schon einem Alptraum gleich.

Ohne die Beteiligung Iraks besteht diese Gefahr nicht. Syrien allein ist nicht in der Lage, zu einem solchen Schlag auszuholen. Jordanien dagegen erscheint mehr als ein potentielles Opfer denn als potentieller Angreifer. Israels Sicherheitsproblem hat sich von Grund auf verändert. Eine aktuelle Bedrohung Israels besteht zur Zeit kaum noch. Und all das, ohne daß Israel auch nur einen einzigen Merkawa-Panzer einzusetzen brauchte. Hier bewahrheitet sich das hebräische Sprichwort: »Die Arbeit des Gerechten wird von anderen verrichtet.«

Kein Wunder, daß Saddam Hussein behauptet, der ganze Golfkrieg wäre nur ein zionistisch-imperialistisches Komplott gewesen. Die »Weisen von Zion« haben ihre amerikanischen Agenten beauftragt, den Irak zu vernichten, um endlich freie Hand im arabischen Raum zu besitzen, ihren Staat zu erweitern und die Palästinenser zu liquidieren. Wenn dem so wäre, könnte man freilich zu der Schlußfolgerung gelangen, daß auch Saddam Hussein selbst ein Agent der zionistischen Weisen war.

Israel hat in diesem Krieg viel gewonnen. Es hat den Krieg gewonnen.

*

Aber das entspricht nur einer oberflächlichen Bilanz. Man muß jedoch auch diesen kleinen Krieg in seiner historischen Perspektive betrachten. Um was ging es eigentlich?

Dieser gigantische Aufmarsch von beinahe zwei Millionen Soldaten, von denen mehr als eine halbe Million aus weiter Ferne herbeigeschafft werden mußten, diese Unmengen von Material, diese gewaltsame Zerstörung eines Landes, dieser Riesenaufwand an von vielen Nationen aufgebrachtem Geld – was sollte das alles bezwecken? Das ist das eigentliche Rätsel dieses Krieges.

Es ist schon fast banal, in diesem Zusammenhang Karl von Clausewitz zu zitieren: »Der Krieg ist nichts anderes als die Fortsetzung der Politik mit anderen Mitteln.« Das heißt: Ohne ein klares politisches Ziel vor Augen zu haben, ist die Kriegsführung sinnlos. Sehen wir uns die einzelnen Argumente einmal an.

Was war also das Ziel, das George Bush bei seinen Entscheidungen vor Augen hatte? Beinahe alles, was darüber während des Krieges gesagt worden ist, muß als offensichtliche Propaganda gewertet werden.

Kleine Staaten vor bösen Nachbarn beschützen? Da muß man unwillkürlich an Grenada, Nicaragua und Panama denken.

Tyrannen abschaffen? Auch da kann man sich an einige Namen erinnern. An Pinochet zum Beispiel, und Noriega, an argentinische Generäle und griechische Obristen, und sogar an den Bundesgenossen Assad, den seine eigene Mutter kaum von Saddam unterscheiden könnte. Es hat Amerika auch nicht besonders gestört, daß Saddam den Iran überfiel und kurdische Einwohner mit Giftgas tötete – zumindest dann nicht, als er damit noch amerikanischen Interessen diente. Amerika ist eben genauso zynisch, wie alle Groß- und Kleinmächte in der Geschichte es waren, Israel nicht ausgenommen.

Krieg für Demokratie? Das offizielle Kriegsziel lautete, den Emir von Kuweit wieder einzusetzen – ein korruptes Überbleibsel aus dem Mittelalter, ein Mann, der die Demokratie selbst dann nicht erkennen könnte, wenn man sie ihm auf einem silbernen Tablett servierte. Als der Krieg zu Ende war, kam die ganze Mischpoke nach Kuweit zurück. Von Demokratie war zwar die Rede, aber sonst auch nichts.

UNO-Beschlüsse durchsetzen? Amerika hat nie gezögert, unbequeme Beschlüsse der UNO-Mehrheit durch ein Veto zu verhindern oder aber ganz einfach zu ignorieren. Erst seitdem der Machtverlust der Sowjetunion es Amerika ermöglicht hat, die UNO in ein Instrument der US-Politik umzuwandeln, ist Washington »UNO-treu« geworden. Mit Beschlüssen, die Israel betreffen, nimmt es Amerika auch heute nicht so genau.

Eine »neue Ordnung« in der Welt schaffen? Den Worten haftet ein übler Beigeschmack an. Bis heute hat es Bush noch nicht fertiggebracht, der Welt zu sagen, wie diese herrliche neue Ordnung eigentlich aussehen soll. Die amerikanischen Handlungen seit Kriegsende haben jedenfalls nicht gezeigt, daß sich irgend etwas verändert hätte.

Also doch ein Krieg für das Öl? Auch das wäre Unsinn gewesen. Weder konnte Saddam das Petroleum »trinken«, noch übermäßig mit den Preisen wuchern. Die Saudis haben genug

Ölreserven, um den Preis beliebig – und damit auch für die Amerikaner – zu senken. Saddam war mehr oder weniger gezwungen, »sein« Öl den alten Kunden zu verkaufen. Hinzu kommt: Die Amerikaner hätten auch voraussehen können, daß in einem solchen Krieg, bei einem solchen Gegner, die Ölquellen Kuweits zerstört werden würden. Zudem haben die Amerikaner seinerzeit die Ölanlagen des Irak selbst zerstört. Was war dann also der Sinn dieses Einsatzes?

Saudi-Arabien vor einem militärischen Angriff des Iraks zu schützen? Dafür bedurfte es wirklich keiner Androhung eines Weltkrieges, eine Garnison hätte genügt.

Angst vor Massenvernichtungswaffen in den sogenannten »falschen Händen«? Israel hat gezeigt, daß man einen Atomreaktor im richtigen Augenblick zerstören kann, ohne damit ein ganzes Land zu vernichten. Für Amerika wäre das sicher noch leichter gewesen. Und da muß man sich noch fragen, ob die amerikanischen Geheimdienste wirklich so schlecht informiert waren, daß sie an eine nahezu unbesiegbare irakische Armee und Riesenarsenale von irakischen Vernichtungswaffen geglaubt hätten. Oder handelte es sich von Anfang an um gewollte Desinformation?

Und warum sind irakische ABC-Waffen schlimmer als syrische, die Israel weitaus mehr bedrohen? Und wie kann man diese Art Waffen im Nahen Osten abschaffen, ohne sich generell für Frieden, ein allgemeines ABC-Waffen-Embargo (das auch für deutsche Lieferanten gilt) und eine kontrollierte Abrüstung einzusetzen? Glauben die Amerikaner eigentlich selbst an den Sinn solcher Aussagen?

Zyniker könnten sagen, daß dieser Krieg einem Paradies für Waffenproduzenten und Todeshändler aller Art gleichkam. Eine Menge neuer Waffensysteme und Strategien konnte zum ersten Mal ausprobiert werden. Das ist Milliarden wert. Und statt überflüssige, in Deutschland und anderswo stationierte Waffen auszurangieren, schickte man sie an den Golf und ließ sich das von Deutschland, Japan und Saudi-Arabien auch noch über die Maßen bezahlen. Abgesehen von allem anderen war dieser Krieg für Amerika auch ein gutes Geschäft. Und er war noch nicht zu Ende, da hatte Amerika den Saudis schon wieder riesige neue Waffenlieferungen versprochen – mit entsprechender Entschädigung für Israel. Aber wer wird glauben, daß allein der Waffenmarkt für Bush ausschlaggebend war?

Die scheinbare Unsinnigkeit des Krieges wird noch offensichtlicher, bedenkt man die allgemeine Weltsituation. Unsummen wurden im Wüstensand versenkt, um einen kleinen Diktator zu stürzen – Milliarden, die nötig sind, um eine Katastrophe in Osteuropa zu verhindern. Dort passieren jetzt Dinge, die das Antlitz der Welt im 21. Jahrhundert bestimmen werden. Schreckliche Gefahren drohen in der Sowjetunion und bei ihren ehemaligen Trabanten: Neo-Stalinismus, Rechts- oder Linksdiktatur, Bürgerkrieg zwischen Zwergrepubliken mit Atomwaffen. Um die Demokratie dort zu retten, braucht man auch Geld, viel Geld – Geld, das massenhaft vergeudet wurde, um einen riesigen »Wild-Ost-Film« am Golf zu drehen, dem die ganze Welt als Publikum beiwohnte. Karl May hätte es sich nicht träumen lassen!

Daß Deutschland bei diesem Unternehmen mitwirkte, wenn auch nur als Statist, war bezeichnend. Gerade Deutschland, nach der Erfahrung der Vereinigung und mit Blick nach Osten, hätte dagegen auftreten müssen.

War es Bushs Privatkrieg, der seine Wiederwahl sichern sollte? Das persönliche Element spielte in diesem Fall sicher eine bedeutende Rolle. Bush, der »Wimp«, der öffentlich ausgelachte Schwächling, hat auf amerikanische Art all seinen Mut bewiesen. Der Sheriff gegen den Desperado, »High Noon« in der Wüste – all das hat sicherlich mitgespielt, ohne – hoffentlich – der einzige Kriegsgrund gewesen zu sein.

Bush selbst hat von der Beseitigung des »Vietnam-Komplexes« gesprochen. Das gedemütigte, an sich selbst zweifelnde, zersplitterte Amerika ist wieder öffentlich als Weltmacht aufgetreten, hat Selbstachtung und den Respekt der Welt zurückerlangt. Und wirklich, der Siegestaumel in den USA war unglaublich. Man feierte den beinahe kostenlosen Sieg über ein primitives Heer, als handelte es sich um die Überwältigung einer zweiten Nazi-Wehrmacht. Bush selbst hat in der Öffentlichkeit erklärt, die Armee Schwarzkopfs sei »the finest Army«, die Amerika jemals eingesetzt habe – also besser als die Heere von Washington, Lee, Grant, Pershing, Eisenhower, McArthur und Ridgway. Das grenzt ans Lächerliche. Jedenfalls hat es mit dem Kriegsziel als solchem wenig zu tun.

War also das Ziel, Irak zu zertrümmern? Auch das entspricht keinem amerikanischen Interesse, ganz im Gegenteil. Der Irak ist für das Gleichgewicht im Nahen Osten lebenswichtig. Er bildet die arabische Ostmark, im alten – und immer noch bestehenden – Kampf mit dem Iran. Alle Araber, und ganz besonders Saudi-Arabien und Kuweit, sind interessiert an einem vereinigten und starken Irak. Aus diesem Grund haben sie ja Saddam Hussein bewaffnet und finanziert, als er im Krieg mit dem Iran stand, und darum haben ihm auch die Amerikaner auf die Füße geholfen, als er damals ins Wanken geriet. Rußland, mit dreißig bis fünfzig Millionen Muslims, ein großer Teil davon Schiiten, war noch mehr daran gelegen, die iranische Revolution einzudämmen.

Die Zertrümmerung Iraks konnte nur zu einem fundamentalistischen Protektorat führen. Hinzu kommt eine kurdische Irredenta, die für die Stabilität in der Türkei und im Iran gleichermaßen gefährlich ist. All das hätte man voraussehen können. Bush hat die Gefahr erst im letzten Augenblick erkannt und deshalb den Krieg plötzlich abgebrochen: Kein Marsch nach Bagdad, auch kein Marsch nach Basra. Man ließ die Elite-Truppen des arabisch-sunnitischen Regimes mit ihren Panzern ausrücken. Nur ein paar Tage nachdem Bush die Irakis aufgefordert hatte, Saddam zu stürzen, ließ er – in der Öffentlichkeit ungewöhnlich schweigsam – Saddam den Aufstand der Schiiten und der Kurden auf brutalste Art niederschlagen. Wahrscheinlich werden die arabischen Sunniten, die etwa 20 Prozent der Bevölkerung des Irak ausmachen, auch weiterhin die Schiiten (60 Prozent) und die Kurden (20 Prozent) beherrschen, mit oder ohne Saddam Hussein.

Also, um was ging es wirklich?

Die USA haben immer befürchtet, daß ein charismatischer arabischer und/oder Moslem-Führer den ganzen Nahen Osten vereinigen, das amerikanische Monopol brechen und die riesigen Ölreserven von Saudi-Arabien, Iran, Irak, Kuweit und der anderen Öl-Fürstentümer in einer Hand vereinigen könnte. Wem das gelänge, der wäre in der Lage, der westlichen Industrie die Luft zu nehmen und den internationalen Finanzmarkt zu beherrschen. Das kann eine Weltmacht nicht tolerieren.

Für jede Weltmacht seit Rom – und vielleicht sogar seit Alt-Ägypten – gilt die Parole: Divide et Impera. Amerika steht dem Nahen Osten ähnlich gegenüber wie England jahrhundertelang vis-à-vis Europa stand: Immer bereit, die Gefahr der Hegemonie eines einzigen Staates auf dem Festland durch Krieg und Koalitionsbildung zu verhindern. Auf diese Weise haben die Engländer Spanien, Napoleon und Hitler zu Fall gebracht.

Als Muhammad Mossadegh Anfang der 50er Jahre den Schah verjagte und das persische Erdöl nationalisierte, blinkte das rote Licht in Washington. Die CIA arbeitete auf Hochtouren, das neue Regime wurde zertrümmert, der Schah feierlich wieder inthronisiert, und Amerika besaß wieder die Kontrolle über das Öl. Aber dann entwickelte sich der Schah zum Ideologen einer starken Preiserhöhung des Erdöls – und da war er wieder weg. Gegen seinen Nachfolger, den Ayatollah Khomeini, hat Amerika dann Saddam Hussein eingesetzt.

Gamal Abd-el-Nasser besaß kein Erdöl, aber sein Appetit war grenzenlos. Da gab es, zum ersten Mal, einen charismatischen arabischen Führer, einen bezaubernden Demagogen mit einer mißreißenden Parole: Araber, vereinigt Euch! Ein großer, pan-arabischer Staat – das war immer schon ein arabischer Traum gewesen. Für einen Ägypter ist er zudem besonders attraktiv, denn wenn solch ein Staat von Kairo aus regiert würde, könnte das »blutarme« Ägypten an dem sagenhaften Reichtum der arabischen Halbinsel partizipieren.

Zuerst versuchten die Amerikaner, Nasser zu bestechen. Als das mißlang, errichteten sie eine anti-ägyptische (und nicht nur anti-sowjetische) Koalition: den Bagdad-Pakt. Es ist eine Ironie der Weltgeschichte, daß Irak damals das Zentrum der gegen die ägyptische Hegemonie gerichteten Moslem-Koalition darstellte, einer Koalition, die von den Amerikanern und Engländern aus denselben Gründen aufgestellt wurde wie die neue anti-irakische Koalition, deren arabisches Zentrum jetzt Kairo ist.

Damals genügten diese Anstrengungen aber nicht. 1956 rettete Eisenhower Nasser noch, ohne zu wissen warum. 1967 aber gab Präsident Johnson Israel grünes Licht, um Nasser anzugreifen. Das Resultat war der Sechs-Tage-Krieg und zugleich das Ende des Nasser-Kapitels im Nahen Osten, obwohl Nasser selbst – wie Saddam Hussein – sich noch einige Jahre behaupten konnte.

Amerikas Interesse, Nassers Hegemoniestellung zu brechen, entsprach damals dem israelischen Interesse, eine Vereinigung der Araber gegen sich zu verhindern.

Saddam sah sich selbst als einen neuen Nasser und gleichzeitig als Nachfolger früherer mesopotamischer Helden – wie der sagenhafte Gesetzgeber Hammurabi und der (kurdische) Bezwinger der Kreuzritter, Sala-ad-Din (Saladin). Saddam Hussein war zuerst antireligiös und pan-arabisch, um dann religiös, pan-moslemisch, pan-arabisch, national-irakisch zu werden. Das Ergebnis war ein Mischmasch von Ideologien, die allesamt seinen Zielen dienen sollten. Diese waren primitiv, aber klar: Hegemonie im arabischen Raum unter irgendeiner Fahne, ganz egal welcher, um die Ölreichtümer in seine Hand zu bekommen.

Saddam, ein Bauernjunge aus einem kleinen Dorf in der Nähe der Kleinstadt Takrit, der mit zehn Jahren zum ersten Mal in die Schule kam, konnte die internationalen Zusammenhänge nicht begreifen. Daher seine unglaublichen Fehler, die an Hitler erinnern lassen. Er begriff einfach nicht, daß seine Ambitionen den Interessen Amerikas entgegenstanden und daß ein scheinbar schlapper demokratischer Hauskater sich sehr schnell in einen reißenden Löwen verwandeln kann, wenn er provoziert wird.

Und wie im Nahen Osten seit eh und je üblich, gibt es auch jetzt wieder eine Komplott-Theorie. Die aktuelle Variante sieht so aus: Bush hat den brutalen, bei alledem aber naiven Saddam absichtlich in eine Falle gelockt. April Glaspie, die amerikanische Botschafterin in Bagdad, gab Saddam praktisch grünes Licht für eine Invasion Kuweits. Auch nach der Aussage April Glaspies vor dem Senat bleibt ihr kritisches Gespräch mit Saddam Hussein im Juli 1990 zumindest zweideutig. Nach der Invasion hat Amerika dann Saddam Hussein mit ständig neuen Ultimaten konfrontiert, und jedes einzelne war schon allein für sich genommen so geschickt formuliert, daß es die Ehre Saddams nicht zulassen konnte, auch nur ein einziges von ihnen »bedingungslos« anzunehmen. In der arabischen Kultur spielt die Ehre eine gewaltige Rolle, und die Fachleute Bushs wußten das richtig einzuschätzen. Also mußte Saddam in diesen Krieg, ob er wollte oder nicht.

Eine ähnliche Theorie bestand seinerzeit über Franklin Delano Roosevelts Eintritt in den Zweiten Weltkrieg. Der Präsident wollte, so mutmaßte man, an dem Krieg, der Zertrümmerung der Nazi-Schreckensherrschaft, teilnehmen. Die öffentliche Meinung Amerikas allerdings war dazu noch nicht bereit, weshalb Roosevelt die Japaner in eine Falle lockte. Durch die Blockade lebenswichtiger Rohstoffe zwang er sie zum Krieg. Seine Geheimdienste wußten, daß eine japanische Attacke bevorstand, aber sie warnten die Flotte nicht. Der »infame« Angriff auf Pearl Harbor schockierte die amerikanische Öffentlichkeit unendlich, und danach war es dann kein Problem mehr, die wutentbrannte Nation in den Krieg zu führen.

Nasser besaß dieselbe Theorie hinsichtlich Israels, das ihn 1967 über politischen Druck auf Syrien gezwungen haben soll, seine Truppen in der Sinai-Halbinsel – einer idealen Panzerfalle – zu konzentrieren. Im Anschluß daran mußte Nasser die UNO auffordern, ihre kleine Friedenstruppe abzuziehen, womit Israel freie Hand bekam, die ägyptische Armee zu vernichten.

Solche Komplott-Theorien finden immer ihre Anhänger, besonders auf der Verliererseite. Die meisten politisch erfahrenen Menschen allerdings glauben mehr an die Bedeutung von Zufall und Dummheit in der Geschichte als an die geschickter Verschwörungen. So oder so – es ist klar, daß Bush diesen Krieg inständig herbeiwünschte. Sein Bedürfnis nach einem persönlichen Sieg traf sich mit den amerikanischen Großmachtinteressen, die die Verhinderung einer irakischen Vorherrschaft im arabischen Raum erforderten.

*

Ein ganz besonders wichtiger Aspekt der Golfkrise war ihr Zeitpunkt. Es war kein Zufall, daß es sich um die erste große Krise seit Beendigung des Kalten Kriegs handelte. Das sollte nicht nur im negativen Sinn verstanden werden. Der Verlauf der Krise wäre ja undenkbar gewesen, wäre Rußland noch eine Großmacht.

In jeder bisherigen Nahostkrise waren Amerika und Rußland die beiden großen Gegenspieler. So 1967, 1973, 1982. Lediglich 1948 standen beide Mächte zusammen auf seiten des neuen Staates Israel, was rückblickend heutzutage wie ein Wunder scheint. (Ich selbst besaß als Soldat in diesem Krieg damals ein mit dem Hakenkreuz geschmücktes Gewehr, das in der Tschechoslowakei für die Wehrmacht produziert, von Stalin der jüdischen Armee geliefert und mit amerikanischem Geld bezahlt worden war.) 1956 zwangen Amerika und Rußland gemeinsam Israel, die eroberte Sinai-Halbinsel wieder zu räumen.

In allen Kriegen seit 1949 mußte man auf Rußland Rücksicht nehmen. Wenn Amerika eine Seite bewaffnete und aufrüstete, um für seine Interessen zu kämpfen, dann tat die Sowjetunion dasselbe auf der anderen Seite. Jede Aktion war dadurch automatisch begrenzt. Israelische Strategie und Taktik wurden von der Sicherheit bestimmt, daß Rußland sofort diplomatisch in einem Krieg intervenieren würde, um der jeweils anderen Seite zu helfen. Eine Entscheidung auf dem Schlachtfeld mußte daher immer innerhalb weniger Tage herbeigeführt werden, ehe die UNO einen Waffenstillstand befehlen konnte. (Das erklärt auch die taktischen Meinungsverschiedenheiten zwischen amerikanischen und israelischen Offizieren während des Golfkriegs, die sich nicht einigen konnten, was die beste Methode sei, die Scud-Raketen im Irak unschädlich zu machen. Beide Seiten sind an ganz unterschiedliche Zeitbegriffe gewöhnt.)

In der Golfkrise war die Sowjetunion einfach nicht anwesend. Sie ist keine Großmacht mehr, im Nahen Osten kaum noch eine Kleinmacht, ihr Einfluß ist etwa so groß wie der Italiens oder Spaniens. Sie hat sich verhalten wie ein Mitläufer der Amerikaner – auf finanzielle Hilfe für sich selbst hoffend, beinahe bettelnd. Für Russen, die sich noch gestern als eine Art Herren in diesem Raum bewegt haben, muß diese Erfahrung sicher äußerst demütigend gewesen sein. Ehemalige sowjetische Klienten haben schnell gemerkt, woher der Wind nun weht. Der agile Assad beispielsweise war der erste, der die Krise ausnutzte, um mit einem artistischen Zirkussprung vom russischen auf das amerikanische Pferd zu wechseln.

Aber die Beendigung des Kalten Krieges war für den Zeitpunkt der Golfkrise noch weit wichtiger. Sie stellte einen historischen Wendepunkt dar.

*

Der Zweite Weltkrieg war kaum zu Ende, als der »Kalte Krieg« auch bereits ausbrach, dessen Anfänge schon mitten im Weltkrieg zu suchen sind. Winston Churchill jedenfalls hat den Amerikanern schon damals vorgeschlagen, den Krieg derart zu führen, daß die westlichen Truppen der Roten Armee im Balkan zuvorkämen.

Der »Kalte« Krieg hieß so, weil keine offenen Feindseligkeiten zwischen den beiden Großmächten stattfanden. Atomwaffen und das »Gleichgewicht des Terrors« wußten dies zu verhindern. Kriege brachen zwar aus, aber immer nur zwischen den Klienten. Von Korea bis Angola, von Kuba bis hin zu Vietnam fochten sowjetische Waffen gegen amerikanische, nie aber sowjetische Soldaten gegen amerikanische Soldaten. Aufgrund dieses Tabus ist der Begriff »Kalter Krieg«, geht man von den Äußerlichkeiten aus, irreführend. Im Grunde genommen handelt es sich um den Dritten Weltkrieg, um einen weltumfassenden Kampf zwischen dem von den USA angeführten kapitalistischen Westen und dem unter der Führung der UdSSR stehenden kommunistischen Osten.

Für mehr als 40 Jahre gab es kaum ein Problem, kaum einen Konflikt irgendwo auf der Welt, der nicht diesem Weltkrieg unterstellt gewesen wäre. Ganz egal, um was es sich handelte – alte Stammeskonflikte in Afrika, Rauschgifthandel in Lateinamerika, Religionskämpfe in Asien – die beiden Großmächte mischten sich ein, unterstützten jeweils eine Seite, so daß der lokale Konflikt »internationalisiert« wurde. Es gab nur wenige Ausnahmen von dieser Regel. Der Irak-Iran-Krieg war eine.

In diesem vierzigjährigen »Kalten« Krieg ging es um viel – Ideologie, wirtschaftliche Interessen, militärische und politische Vormachtstellung. Wie der dreißigjährige Krieg war er ein Religionskrieg, in dem sehr weltliche Interessen mitspielten und schließlich sogar den Ausschlag gaben. Wie bei den zwei vorhergehenden Weltkriegen besteht auch in diesem Fall kein Zweifel darüber, wer gesiegt hat und wer besiegt wurde. Der kommunistische Block hat den Krieg verloren. Der kapitalistische Westen hat ihn gewonnen.

Das hauptsächliche Schlachtfeld lag im Bereich der Wirtschaft. Je kostspieliger die Waffen wurden, desto schwieriger wurde es für die Sowjetunion mitzuhalten. Als Amerika beschloß, den »Star War« im Weltall auszutragen, war der Kampf praktisch entschieden. Rußland konnte nicht mehr gleichziehen. Es war zudem nicht bereit, einen nuklearen Präventivkrieg zu führen, der einen gegenseitigen Selbstmord ausgelöst hätte. Die Alternative war Kapitulation. Wahrscheinlich wäre das kommunistische System auch ohne den Rüstungswettlauf zusammengebrochen, ganz einfach deshalb, weil es menschenfeindlich und im Grunde genommen unnatürlich war. Mit dem Auftritt Michail Gorbatschows auf der Weltbühne war alles entschieden. Ende 1989 befreite sich Osteuropa, 1990 hatte die Sowjetunion mit ihren eigenen wirtschaftlichen und ethnischen Problemen genug zu kämpfen. Der Dritte Weltkrieg war damit zu Ende.

Der Vierte Weltkrieg begann am 2. August 1990.

*

Die Front des Dritten Weltkriegs verlief zwischen Westen und Osten, zwischen der ersten und der zweiten Welt. Die »Dritte« Welt war lediglich ein Objekt – ein ideologisches, politisches und auch militärisches Schlachtfeld der zwei Großmächte. Ihre Probleme wurden ausgebeutet, nicht gelöst. Weder Amerika noch Rußland hatten ein Interesse, der Dritten Welt zu einer gleichberechtigten Stellung in der Welt zu verhelfen. Ganz im Gegenteil: Beide Großmächte hatten im Grunde genommen ein gemeinsames Interesse daran, genau das zu verhindern.

Das östliche Weltreich ging dabei ideologisch geschickter vor als das westliche. Es hat die kommunistische Ideologie benutzt, um sich als Patron der armen Völker auszugeben. Damit konnte es die Sympathien von Millionen Menschen der Dritten Welt erwerben, besonders die von Jugendlichen, Revolutionären und Intellektuellen in Asien, Afrika und Lateinamerika, die damit zu freiwilligen Vasallen seiner Großmachtinteressen wurden. Die Völker der Dritten Welt sahen keinen anderen Ausweg als den, sich einem der beiden Lager anzuschließen und dadurch Hilfe und Waffen zu erhalten. Auf diese Weise wurden alle wirklichen Probleme der Dritten Welt verzerrt und entstellt. Es entstand das, was Oswald Spengler eine Pseudomorphose genannt hat – die Probleme der armen Völker mußten sich den Interessen der reichen anpassen und verloren ihre eigene Form. Mit der Beendigung des kalten Kriegs verschwindet diese Pseudomorphose, ohne allerdings zur Metamorphose zu werden, denn die Dinge nehmen keine neue Form an. Vielmehr tritt ihre eigene, eigentliche Form zutage. Eine neue Front entsteht – oder besser: eine bestehende wird nunmehr offensichtlich.

Diese neue Front zieht sich zwischen dem Norden und dem Süden, zwischen den entwickelten Industriestaaten einerseits und den ausgebeuteten, euphemistisch »Entwicklungsländer« genannten, rohstoffproduzierenden Ländern andererseits. Es ist die Front des Vierten Weltkriegs, eines Existenzkampfs der großen Mehrheit der Menschheit, der buchstäblichen »Habenichts«-Völker, gegen die reichen Staaten des Nordens, die ihre Privilegien verteidigen und erweitern wollen.

*

Als Saddam Hussein seinen Truppen den Befehl gab, in Kuweit einzumarschieren, war er sich sicher nicht bewußt, damit einen weltgeschichtlichen Schritt getan zu haben. Zwar nannte er seinen Krieg »die Mutter aller Schlachten«, aber damit knüpfte er nur an die irakisch-islamische Vergangenheit an. (Die erste »Mutter« war die Schlacht, in der der Irak von islamischen Truppen erobert worden war.) Saddam Hussein war nicht der Prophet einer neuen Weltordnung, innerhalb derer die armen Völker an dem Überfluß der reichen teilnehmen können. Seine Vorstellungen sahen viel begrenzter aus. Er beanspruchte den Reichtum Kuweits (Bruttosozialprodukt je Einwohner: 13 380 Dollar) auch für den ärmeren Irak (Bruttosozialprodukt je Einwohner: 1 808 Dollar).

Nach Beendigung seines unseligen Krieges gegen den Iran besaß Saddam ein riesiges Heer – und sonst nichts. Mit Hilfe des Heeres gedachte er seine Finanzen aufzubessern. Wer Eisen hat, hat Brot. Zudem fühlte er sich von Kuweit und Saudi-Arabien ausgebeutet. Hatte er nicht sein Blut vergossen, um sie vor den Horden des Ajatollahs zu bewahren? Aber die Ölfürsten waren nicht bereit, auf die Zahlung seiner Kriegsschulden zu verzichten. Sie senkten vielmehr die Ölpreise und verschlimmerten damit Iraks Finanzlage noch. Außerdem wollte der Emir von Kuweit ein Ölfeld, das zum großen Teil auf bzw. unter irakischem Boden liegt, nicht aufgeben. Hinzu kam, daß Saddam von Kuweit zwei kleine, unbewohnte Inseln verlangte, um Iraks schmale Golfküste zu sichern. Auch das wurde vom Emir abschlägig beschieden.

Wenn Saddam überhaupt von einer neuen Ordnung träumte, dann höchstens von einer Neu-Ordnung der arabischen Welt unter seiner Führung, innerhalb derer der sagenhafte arabische Ölreichtum den arabischen Massen zugute kommen würde, anstatt auf privaten Konten der Wüstenscheichs in Amerika und Europa zu verschwinden. Vielleicht besaß dieses Gedankengebäude auch einen Hauch von arabischer Romantik, im Sinne der arabischen Sage von Aladin und seinen vierzig Räubern.

Alles in allem hat Saddam Hussein den ersten Schuß des Vierten Weltkriegs abgegeben, so wie Gavrilo Princip am 28. Juni 1914 in Sarajevo die erste Kugel des Ersten Weltkriegs abgefeuert hat. Saddam handelte unbewußt als ein Agent der Geschichte, ähnlich wie George Bush, als dieser beschloß, Husseins Versuch einer Auflehnung sofort ein dramatisches Ende zu setzen.

Natürlich sind weder Irak noch Kuweit typische Dritte-Welt-Staaten. Sie besitzen beide Öl. Kuweit ist sogar steinreich, und auch der Irak ist noch wohlhabend im Vergleich zum Beispiel mit Mali (Bruttosozialprodukt je Einwohner: 180 Dollar). Aber soziale Kämpfe werden selten von den Ärmsten der Armen geführt. Öl ist ein wichtiger Rohstoff. Wer den Preis der Rohstoffe diktiert, der bestimmt auch, wer arm und wer reich ist. Und obwohl die Ölstaaten einige Male versucht haben, ihre Preise zu erhöhen und einmal – nämlich 1974 – damit sogar eine Weltwirtschaftskrise auslösten, wurden solche Versuche immer schnell niedergeschlagen. Die Fürsten Saudi-Arabiens fungierten als Agenten der amerikanischen Macht. Zum jetzigen Zeitpunkt ist der Preis des Erdöls, in realen Preisen, niedriger als vor dem Aufstand des Irak. Nach der Erfahrung des

Golfkriegs werden andere Dritte-Welt-Staaten sich vor einer ähnlichen militärischen Intervention hüten. Die unglaubliche, auf Technologie beruhende, militärische Übermacht des Nordens ist ja ein Symptom dieser Ungleichheit, die zu den Ursachen dieses Krieges zählt. Es ist kein Zufall, daß alle diese neuen Waffen gerade im Golfkrieg zum ersten Mal ausprobiert wurden.

Der Vierte Weltkrieg wird auf andere Art ausgetragen werden als alle bisherigen. Die Waffe des Nordens in diesem Krieg ist die »freie Marktwirtschaft«, in der die armen Rohstoffproduzenten weiterhin den Industrieländern unterlegen sein werden. Aufgrund ihres Einsatzes wird sich die Kluft zwischen den beiden Welten noch vergrößern. Wer zurückgeblieben ist, wird noch mehr zurückfallen. Bei dem Wettlauf der Technologien haben die armen Völker ungefähr dieselbe Chance wie ein humpelnder Blinder bei einem olympischen Rennen.

Keiner kann heute ahnen, wie die anderen Völker ihren Kampf führen werden. Manche werden versuchen, den Norden zu imitieren, so wie früher Japan und jetzt Korea und Taiwan. Andere hingegen werden eine neue Fahne suchen, um dem Norden zu trotzen – vielleicht die Fahne eines neuen religiösen Fanatismus, wie die islamischen Fundamentalisten, oder aber eines Neo-Marxismus oder eines neuen extremen Nationalismus. Saddam Hussein hat alle diese Fahnen gleichzeitig gehißt.

Vor einiger Zeit, als der Kalte Krieg sich seinem Ende näherte, stellte ein Amerikaner mit japanischem Namen eine »Mode-These« auf, in der er behauptete, daß die Geschichte an ihrem Ende angelangt sei. Mit dem Sieg des liberalen Kapitalismus seien alle ideologischen Konflikte endgültig ausgetragen. Von jetzt an und in alle Ewigkeit werde die Menschheit in seligem Frieden leben. Darauf kann die Antwort nur amerikanischer Art sein: You ain't seen nothing yet!

Wo liegt Israel?

Wo steht Israel in diesem Krieg? Wer zum ersten Mal nach Tel-Aviv kommt, fragt sich, was diese israelischste aller Städte eigentlich ausmacht. Wohin gehört sie – ihre Architektur, ihr Lebensstil, ihr Tempo? Sie ist weder westlich noch orientalisch, weder typisch Mittelmeer noch typisch Naher Osten, weder amerikanisch noch europäisch, weder jüdisch noch arabisch. Sie hat etwas von all diesen Eigenarten, aber ist doch insgesamt etwas anderes, Neues, eben Israelisches. Wie dieser Stil entstanden ist? Niemand hatte ihn so geplant. Er ist vielmehr eine Synthese aus vielen Elementen wie Geographie, Demographie, alter und neuer Geschichte, Klima, Wirtschaft und vielem mehr.

Das trifft auf ganz Israel zu. Israel ist ein neuer Staat, eine neue Nation, geprägt von vielen verschiedenen Elementen. In der Theorie hätten die Gründer dieser neuen Nation frei bestimmen können, wozu und wohin sie gehören soll. In der Praxis waren sie von ihrer eigenen Mentalität, von ihrem Hintergrund und von den Bestandteilen der neuen Wirklichkeit beeinflußt.

*

Geographisch liegt Palästina – das biblische Land Kanaan, das auf hebräisch Eretz-Jisrael heißt – in der Mitte: zwischen Asien, Europa und Afrika, zwischen Alt-Ägypten und Alt-Babylon, zwischen Rom und Persien, zwischen dem christlichen Morgenland und dem islamischen Abendland, zwischen dem weißen Imperialismus und den braunen Kolonialvölkern. Zwischen der ersten, zweiten und dritten Welt des Kalten Krieges. Zwischen Ost und West und jetzt auch zwischen Nord und Süd. Auf mittelalterlichen Karten ist Jerusalem das Zentrum der Welt, und die Erdteile gruppieren sich um diese Stadt herum.

Diese besondere geographische Lage hat das Schicksal des

Landes immer beeinflußt und oft auch bestimmt. Es wurde beinahe ständig von stärkeren Nachbarn beherrscht und war nur selten und für kurze Zeiten unabhängig. Ägypter, Assyrer, Babylonier, Perser, Griechen, Römer, Byzantiner, Araber, fränkische Kreuzritter, Mamelucken, Türken, Briten – alle haben sie Palästina erobert, sind gekommen und gegangen und haben etwas von ihrer Kultur hinterlassen. Palästina war ein Durchgangsland, ein Land, das mit nahen und fernen Völkern Handel trieb, ein Land, das viele kulturelle Einflüsse absorbierte und von ihnen zur eigenen Schöpfung angespornt wurde. Es hat der Menschheit geniale Kulturgüter geschaffen.

Als der Zionismus gegen Ende des letzten Jahrhunderts auf die Bühne trat, stand Palästina wieder einmal im Mittelpunkt neuer Konflikte. Das Osmanische Reich, dem es angehörte, »der kranke Mann am Bosporus«, war dem Tode nahe. Alle Kolonialmächte – Großbritannien, Frankreich, Deutschland, Rußland – hatten ihre Augen auf das Erbe gerichtet. Die arabischen Völker dagegen träumten von Freiheit und Unabhängigkeit. Ein neuer arabischer Nationalismus, weltlich und von Europa beeinflußt, gärte offen und im geheimen. Filastin, wie das Land auf arabisch seit dem siebten Jahrhundert heißt, wimmelte nur so von englischen und französischen Geheimagenten, Landmessern und Abenteurern. Rußland schickte Priester und Pilger. Der deutsche Kaiser kam mit seiner Frau zu Besuch. Arabische Offiziere in der türkischen Armee gründeten Geheimorganisationen, arabische Dichter schrieben flammende Pamphlete. Türkische Paschas, würdige Nachfolger korrupter römischer und byzantinischer Gouverneure, ließen sich von allen bestechen und regierten allesamt mit gleicher Grausamkeit.

In der Theorie hätte der Zionismus die Partei der Unterdrückten gegen die Unterdrücker ergreifen können. Der Anspruch der Juden auf Palästina beruhte ja darauf, daß sie sich als Nachkommen Abrahams fühlten, und Abraham war ein aus dem Irak eingewanderter Beduine. Als Nachfolger der alten Israeliten, Neubeleber einer alten semitischen Sprache, Träger einer alten asiatischen Kultur und Religion hätten sich die Zionisten mit der arabisch sprechenden Bevölkerung des Landes, und überhaupt mit den erwachenden Kolonialvölkern Asiens und Afrikas, identifizieren können.

In der Praxis war das unmöglich. Denn der Zionismus wurde eben nicht in den jüdischen Vierteln von Kairo oder Damaskus geboren, sondern in den Intellektuellensalons von Wien und Berlin, in den jiddischen »Schtetl« Polens und Rußlands, weit weg von den Realitäten des asiatischen Landes Palästina. Der offizielle Gründer der zionistischen Bewegung, Theodor Herzl, in Israel heute offiziell als Prophet des Staates verehrt, war selbst noch nie in Palästina gewesen, als er 1897 den ersten zionistischen Kongreß in Basel einberief. Danach erklärte er: »In Basel habe ich den Judenstaat begründet.« Genau das war bezeichnend: In Basel und nicht in Jerusalem, in Europa und nicht in Asien. Dabei handelte es sich nicht nur um eine geographische, sondern auch um eine psychologische Tatsache.

Der Zionismus war im Grunde genommen eine Bewegung zur Rettung der Juden Europas. Zwar konnte keiner der ersten Zionisten die Ungeheuerlichkeit des Holocausts vorausahnen, aber die allgemeine Misere der Juden, besonders in Osteuropa, stand ihnen buchstäblich vor Augen. Ihr Blick war auf die zu rettenden Juden gerichtet, nicht auf das Land, in das sie sie retten wollten.

Herzl selbst wollte eigentlich von Palästina nichts Rechtes wissen und zog Argentinien vor. Erst im letzten Augenblick, kurz vor dem zionistischen Kongreß, ließ er sich überzeugen, daß nur Palästina die Anziehungskraft besitze, die großen Massen von Menschen freiwillig in Bewegung zu setzen. Aber auch nach dieser Einsicht war ihm Palästina nie richtig sympathisch. Als er es endlich zum ersten Mal besuchte – nur um hier Kaiser Wilhelm zu treffen –, gefiel ihm das Klima überhaupt nicht. Er merkte privat an, daß es Europäern nicht bekomme und daß die Juden nun mal Europäer seien.

*

In seinem schicksalhaften Buch »Der Judenstaat«, dem eigentlichen zionistischen Manifest, schrieb Herzl ein paar Sätze nieder, die seitdem in der Geschichte dieses Landes widerhallen. Herzl selbst hat diese Sätze wahrscheinlich nicht zu ernst genommen. Sie betrafen zwar Palästina, aber Herzl war zu der Zeit, als das Buch erschien (1896), noch weit davon entfernt, sich für Palästina zu entscheiden.

Im genannten Buch entwickelt Herzl einen vollständigen, detaillierten Plan für den künftigen Judenstaat. Es enthält Kapitel über Arbeiterwohnungen, Landerwerb und ungelernte Arbeiter; es beschreibt, wie die Fahne aussehen soll (Herzls Fahnenvorschlag wurde abgelehnt), gibt Auskunft darüber, wie das Vorhaben finanziert werden soll, und behandelt noch viele andere Themen mehr. Typische Überschriften der Kapitel: Bauten, Die Arbeitshilfe, Der Marktverkehr, Die Geldbeschaffung, Unser Seelsorger, Stadtpläne, Kleine Gewohnheiten, Sprache (»Jeder behält seine Sprache ... Wir können doch nicht hebräisch miteinander reden ...«).

Aber das Buch enthält auch nicht einen einzigen Hinweis auf die Tatsache, daß Palästina zu diesem Zeitpunkt überhaupt bewohnt war, daß dort ungefähr eine halbe Million Menschen lebten, Menschen, die arabisch sprachen und sich als Araber fühlten. Ja, das Wort Araber fällt überhaupt nicht.

So eigenartig das erscheinen mag – es gab einen Grund dafür. Als Herzl seinen Zukunftsstaat plante, dachte er dabei nicht an irgendein bestimmtes Land. Sein Plan einer nationalen Heimstätte für die Juden konnte im Prinzip überall verwirklicht werden – in Argentinien, in Kanada, in Uganda. Erst als das Buch schon fertiggestellt war, fügte er noch einen kurzen – aber schicksalsschweren – Absatz hinzu. Die Überschrift lautete bezeichnenderweise »Palästina oder Argentinien«. Darunter schrieb er: »Ist Palästina oder Argentinien vorzuziehen? Die (zionistische Bewegung) wird nehmen, was man ihr gibt und wofür sich die öffentliche Meinung des Judenvolkes erklärt.« Nach einer Schilderung der Vorteile Argentiniens (»Eines der reichsten Länder der Erde ... mit ... gemäßigtem Klima ...«)

schrieb Herzl auch einige Sätze über Palästina, die einzigen im ganzen Buch. Da steht zu lesen: »Palästina ist unsere unvergeßliche historische Heimat. Dieser Name allein wäre ein gewaltig ergreifender Sammelruf für unser Volk. Wenn Seine Majestät der Sultan uns Palästina gäbe, könnten wir uns dafür anheischig machen, die Finanzen der Türkei gänzlich zu regeln. Für Europa würden wir dort ein Stück des Walles gegen Asien bilden, wir würden den Vorpostendienst der Kultur gegen die Barbarei besorgen. Wir würden als neutraler Staat im Zusammenhange bleiben mit ganz Europa, das unsere Existenz garantieren müßte. Für die heiligen Stätten der Christenheit ließe sich eine völkerrechtliche Form der Exterritorialisierung finden. Wir würden die Ehrenwache um die heiligen Stätten bilden und mit unserer Existenz für die Erfüllung dieser Pflicht haften. Diese Ehrenwache wäre das große Symbol für die Lösung der Judenfrage nach achtzehn für uns qualvollen Jahrhunderten.« Das ist alles.

Vielleicht hat Herzl nicht besonders ernsthaft über diese Worte nachgedacht, bevor er sie niederschrieb. Er wollte damals an den osmanischen Sultan appellieren und auch im christlichen Europa für seine Idee werben. Trotzdem – und vielleicht gerade darum – zeigt dieser Abschnitt die geistige Welt des Zionistenführers an.

Herzl war ein Wiener Journalist, in Budapest geboren, ein assimilierter jüdischer Intellektueller. Er lebte im Wien Karl Kraus', in der Welt von Rudyard Kipling und Cecil Rhodes, Joseph Chamberlain und Kaiser Wilhelm. Für ihn war Kultur synonym mit Europa; Kolonialvölker waren lediglich Objekte.

Aber Herzls Worte bestimmten den Weg des Zionismus nicht allein, weil Herzl ein unbestrittener Führer war – einige seiner wichtigsten Vorschläge wurden von seiner Bewegung verworfen –, sondern vielmehr weil diese Aussagen eben der Geisteswelt aller seiner Anhänger entsprachen. Sie erhielten für sie praktisch axiomatische Bedeutung.

Der türkische Sultan kann Palästina »geben«, obwohl es ein arabisches Land ist. Für Europa wird der Judenstaat »ein Teil des Walles gegen Asien« – also ein europäischer Staat gegen die asiatischen Einwohner des Landes. Der Staat erhält die Funktion eines »Vorpostens« der »Kultur« (natürlich ist die europäische Kultur gemeint, gibt es etwa eine andere?) gegen die »Barbarei« (damit können nur die Araber gemeint sein). Herzl dachte an die »heiligen Stätten der Christenheit«, aber nicht an die des Islam. Wahrscheinlich hatte Herzl nicht einmal eine Ahnung davon, daß eine der drei heiligsten Stätten des Islam in Jerusalem liegt.

*

In den acht Jahren und vier Monaten, die Herzl nach dem Erscheinen seines Buches noch verblieben – er starb im Juli 1904 im Alter von 44 Jahren an einem Herzanfall –, hat er sich rastlos im Sinne und für die Verwirklichung dieses Konzepts engagiert und bemüht. Zunächst versuchte er, den osmanischen Herrscher dazu zu bewegen, ihm Palästina zu »geben«. Der Sultan, Abd-ul-Hamid, war zwar ein geschworener Feind seiner arabischen Untertanen, die ihn als Tyrannen haßten, aber andererseits zu schlau, eine jüdische Kolonie in seinem islamischen Kaiserreich zu installieren. Zur selben Zeit warb Herzl um die Gunst des deutschen Kaisers, der damals von einer Eisenbahnverbindung Berlin-Bagdad träumte. (Diese Bahn sollte in Kuweit den Persischen Golf erreichen. Um dieser Gefahr für Indien vorzubeugen, schufen die Engländer den Staat Kuweit und damit die Krise von 1990.) Herzl versuchte, ihn davon zu überzeugen, daß eine deutschsprachige jüdische Kolonie in Palästina ein Stützpunkt für das neue deutsche (zweite) Reich werden würde. Der romantisch veranlagte, aber unstetige Kaiser liebäugelte kurze Zeit mit der Idee, empfing den bärtigen Zionistenführer auch vor malerischer Kulisse in Jerusalem, um dann die Sache aber zu vergessen.

Herzls nächste Station war England. Dort hatte er mehr Glück. Joseph Chamberlain, der »Empire-Builder«, erkannte sofort den Wert der zionistischen Idee in ihrer Bedeutung als zukünftiges Alibi für eine britische Annexion Palästinas. Das war aber zum damaligen Zeitpunkt noch nicht aktuell. Er schlug Herzl vorläufige Alternativen vor: El-Arish im Norden der Sinai-Halbinsel, das zu dem damals englischen Ägypten gehörte, direkt neben Palästina, oder auch Uganda. El-Arish wurde wegen Wassermangels verworfen (wer konnte ahnen, daß einmal ein israelisches Heer dieses Gebiet erobern würde und daß jüdische Siedler dort doch zeitweilig Kibbuzim errichten würden?), der Uganda-Vorschlag, von Herzl akzeptiert, löste einen Sturm innerhalb der zionistischen Bewegung aus. Nach einer bitteren Debatte wurde er als Verrat an Eretz-Jisrael verworfen.

Damit war Herzls Tätigkeit – und sein Leben – beendet. Aber sein Konzept – »Ein Stück des Walles gegen Asien« – wurde zum Kern der zionistischen Politik. 86 Jahre nach seinem Tod sollte es noch Israels Politik im Golfkrieg bestimmen.

*

Der Weg des Zionismus zwischen West und Ost wurde nicht nur von Theoretikern in Europa entschieden. Seit 1882, also noch vor Gründung der zionistischen Bewegung, besiedelten jüdische Einwanderer Palästina. Das mußte automatisch zum Konflikt führen, auch wenn und obwohl die Siedler sich dessen nicht bewußt waren. Ihnen erschienen die Palästinenser als ein Teil der Landschaft, wie Bäume und Moskitos (so hat es Golda Meir einmal ausgedrückt). Ausgerechnet Wladimir Jabotinsky, der extremste Zionistenführer und geistige Vater der Likud-Partei, hat in den dreißiger Jahren in seinem berühmten Artikel »Die eiserne Wand« erklärt, daß der arabische Widerstand gegen die jüdische Besiedlung ganz natürlich sei, denn kein »eingeborenes« Volk dulde freiwillig den Einzug weißer Siedler in sein Land. (Jabotinsky schlug vor, diesem unvermeidlichen Widerstand eine eiserne jüdische Wand entgegenzusetzen.)

Mit den ersten Siedlern, Idealisten aus Rußland, fing der gewaltsame Konflikt schon an. Es ging um Boden, um Wasser.

Arabische Großgrundbesitzer, meistens abwesend, verkauften Boden an Juden. Polizisten – erst türkische, dann britische – vertrieben die besitzlosen Bauern. Es folgten Gewaltakte, die für die jüdischen Siedler unverständlich waren. Man konnte sich die Geschehnisse nur damit erklären, daß Araber eben von Natur aus Mörder und Räuber sind. An dieser Einschätzung hat sich nicht viel geändert. Je mehr Einwanderung und Besiedlung zunahmen, desto stärker wurde der Widerstand. Lokale Zwistigkeiten entwickelten sich allmählich zu politischen Auseinandersetzungen. Aus Knüppeln wurden Gewehre und schließlich Panzer.

So entstand ein Teufelskreis, der sich bis heute fortsetzt. Jüdische Expansion und Besiedlung führten zu arabischem Widerstand. Um diesen Widerstand zu brechen, brauchten die Zionisten Bundesgenossen. Diese konnten natürlich nur aus dem Lager derer kommen, die ihre Interessen vom arabischen Nationalismus gefährdet sahen, also von Kolonialstaaten und Imperialisten. Die Allianz von Zionisten und Imperialisten wiederum verstärkte den arabischen Widerstand noch mehr, was schließlich auf der anderen Seite wieder stärkere Bundesgenossen erforderte – und so weiter bis zum Golfkrieg.

Was hat den Gang dieser Entwicklung mehr bestimmt: das europäische Konzept der Zionisten oder aber dieser Teufelskreis im Land selbst? Die Frage scheint eher müßig, so ähnlich wie die, wer eher da war, das Huhn oder das Ei. Wichtig ist das Ergebnis: Fast alle Araber sehen im Zionismus eine Kreation des Imperialismus und eine rassistische Idee, für fast alle Juden erscheint dagegen der arabische Widerstand als ein Symptom der perversen arabischen »Mentalität«.

Von Anfang an standen die jüdischen Siedler vor der Wahl: sich mit der einheimischen, arabischen Bevölkerung gegen die türkische Fremdherrschaft zu identifizieren, oder im Gegenteil, die Partei der türkischen Herrscher gegen die Bevölkerung zu ergreifen. Die offizielle Entscheidung wurde wiederholt durch den berühmten deutsch-jüdischen Schriftsteller Max Nordau verkündet, der nach Herzls Tod die profilierteste Persönlichkeit der Bewegung war. Als Nordau zum ersten Mal davon erfuhr, daß in Palästina Araber lebten, sei er – so erzählte es Martin Buber – erschrocken zu Herzl gelaufen und habe ihm zugerufen, daß hier eine Ungerechtigkeit begangen würde. Von diesem »Schreck« scheint Nordau sich schnell erholt zu haben.

In seiner Ansprache an den siebten Zionistenkongreß 1905 in Basel sagte er: »Eine Bewegung, die einen großen Teil des arabischen Volkes ergriffen hat, kann leicht eine Richtung nehmen, die auch Palästina berühren würde ... Die türkische Regierung würde sich vielleicht in die Notwendigkeit versetzt sehen, ihre Herrschaft in Palästina und Syrien gegen ihre eigenen Untertanen mit der Waffe in der Hand zu verteidigen ... Bei dieser Sachlage könnte es dann der türkischen Regierung einleuchten, daß es für sie von außerordentlichem Wert wäre, in Palästina und Syrien ein zahlreiches, kräftiges und wohlorganisiertes Bevölkerungselement zu besitzen, das bei voller Achtung der Rechte der vorgefundenen Einwohnerschaft keine Angriffe auf die Autorität des Sultans dulden, sie vielmehr mit dem Aufgebot aller Kräfte verteidigen würde.«

Das war ein klares Angebot, die zionistischen Siedlungen zu einem Bollwerk der türkischen Fremdherrschaft gegen die Palästinenser zu machen, und es bedeutete praktisch eine Kriegserklärung an die junge nationalistische Bewegung der Araber. Das war in der Tat eine schicksalhafte Entscheidung, die jedoch nahezu automatisch zustande gekommen war. Weder eine ausgeprägte Sympathie für die Türken (die Siedler haßten sie), noch besonders feindselige Gefühle gegenüber den Arabern lagen ihr zugrunde. Vielmehr war sie eine logische Fortsetzung des Diktums Herzls (»Ein Teil des Walles gegen Asien«) und ergab sich aus der gesamten Lage. Nordau selbst analysierte vier Jahre später, als er auf dem neunten Zionistenkongreß, diesmal in Hamburg, sprach, die Lage ähnlich.

Inzwischen waren die Jungtürken in Istanbul an die Macht gekommen. Sie setzten die Unterdrückung der Araber fort, lediglich die islamischen Parolen Abd-ul-Hamids wurden gegen türkisch-nationale ausgetauscht. Die Araber waren empört. Arabische Parlamentarier in Istanbul nahmen Kontakt mit zionistischen Funktionären auf und boten ihnen – zum ersten Mal – ein Bündnis an, um das Osmanische Reich zu reformieren. Ein paar leise zionistische Stimmen äußerten sich dafür. Nordau dagegen lehnte ein solches Bündnis klipp und klar ab: »Das Ziel unserer Hoffnungen, Wünsche und Mühen, das heilige Land unserer Väter, ist ottomanisches Reichsgebiet. An seinen Küsten und Landgrenzen halten türkische Soldaten Wacht. Die Schlüssel des Hauses, das die Zionisten zu ihrem Heim zu machen wünschen, liegen in den Händen der türkischen Regierung. Da ist es doch natürlich, daß alle unsere Bestrebungen nach der Türkei weisen wie die Nadel des Kompasses nach dem magnetischen Pol.« Das war logisch und, wie so oft in der Politik, erwies sich die Logik als kurzsichtig. Das Osmanische Reich brach acht Jahre später, im Ersten Weltkrieg, zusammen. Die Türken gingen, die Palästinenser blieben. Aber für die zionistische Führung war die Schlußfolgerung nur die, daß man schnell einen anderen Bundesgenossen suchen müsse. Glücklicherweise war schon einer da.

*

Während des Ersten Weltkrieges fiel den Zionisten die Wahl nicht leicht. Auf beiden Seiten standen europäische Mächte, auf beiden Seiten gab es große jüdische Gemeinden mit starken zionistischen Gruppen. Für Deutschland bestand eine traditionelle Sympathie. Herzl selbst war ja von deutscher Kultur und deutscher Macht begeistert gewesen, so auch viele seiner Erben. Aber allmählich setzte sich eine pro-britische Tendenz durch, denn Deutschland war Bundesgenosse der Türkei, England hingegen näherte sich dem heiligen Land.

Großbritannien hatte schon lange seine Augen auf Palästina gerichtet. Der Suez-Kanal war die Lebenslinie nach Indien und Palästina infolgedessen wichtig, um eine Bedrohung oder Gefährdung des Kanals zu verhindern. Mit der Eroberung des

Iraks hatte England auch die damals noch viel bedeutenderen Erdölquellen in Mossul in die Hand bekommen, und es war auf Palästina angewiesen, um das Öl durch englisches Gebiet an die Mittelmeerküste zu bringen. Aber Frankreich, Englands Bundesgenosse (und Todfeind im Nahen Osten), besaß ein Vorrecht auf die Levante. England bedurfte daher eines besonders guten Vorwands, um Palästina für sich beanspruchen zu können. Es war in London immer besonders beliebt, imperiale Interessen mit idealistischen Schwärmereien zu schmücken. Was eignete sich in diesem Fall besser als der Zionismus?

Der Gedanke an ein jüdisches Gemeinwesen in Palästina, das einen Vorposten des britischen Empires abgeben sollte, war keineswegs neu. Er wurde bereits 1840 von Lord Palmerston vertreten, der glaubte, eine jüdische Kolonie im heiligen Land könne dem Osmanischen Reich, das damals noch von den Briten gestützt wurde, von Nutzen gegen die Ägypter sein, auf deren Seite die Franzosen standen.

»Ich beauftrage Eure Excellenz daher, der türkischen Regierung zu empfehlen, die Juden aus Europa zur Rückkehr nach Palästina weitgehend zu ermutigen«, schrieb der damalige Außenminister Palmerston an seine Botschafter in Istanbul. »Wenn das jüdische Volk auf Einladung des Sultans, mit seiner Genehmigung und unter seinem Schutz zurückkehrt, dann wäre für die Zukunft allen etwaigen bösen Absichten Mehemet Alis oder seiner Nachfolger ein Riegel vorgeschoben.« Genau die gleichen Argumente wurden sechzig Jahre später von Herzl und Nordau vertreten. Mehmed Ali, der Gründer des modernen Ägyptens, war in gewisser Weise ein Vorläufer der arabischen Nationalbewegung.

Am 17. August 1840 erschien in der Londoner *Times* ein Leitartikel, in dem empfohlen wurde, »das jüdische Volk in das Land seiner Väter zu pflanzen«. Dieser Plan wurde von Lord Ashley, dem späteren Lord Shaftesbury, vorgetragen. Ihre Rechte und Privilegien sollten der Siedlung »unter dem Schutz einer europäischen Macht garantiert werden«. Gemeint war natürlich Großbritannien. Zur selben Zeit gedachten die Franzosen, die Rechte und Privilegien der Maroniten in Libanon zu garantieren.

Interessant ist in diesem Zusammenhang, daß 1840 weder eine zionistische Bewegung noch eine politische zionistische Idee existierte. Englische und amerikanische Christen haben diese Idee lange vor den Juden selber vorgetragen, und zwar aus einer christlich-theologischen Überzeugung, die mit der jüdischen Religion nichts zu tun hatte. Es scheint daher nicht übertrieben zu sagen, daß der moderne Zionismus im Grunde genommen eher eine christliche als eine jüdische Idee war. Herzl, der dem Judentum bis dahin fremd gegenüberstand, hat sie von christlichen Quellen übernommen und ist von allen orthodoxen Rabbinern seiner Zeit beschimpft und verdammt worden. Für einen frommen Juden war der Zionismus eine Sünde, denn nur der Messias darf die Juden in das heilige Land zurückbringen. Wer diese Aufgabe vorwegnimmt, verhindert das Kommen des Messias. Das glauben ultra-orthodoxe Juden auch heute noch.

Der »christliche Zionismus«, tief im christlichen – und besonders im protestantischen – Glauben verankert, spielt auch heutzutage nach wie vor eine ganz wichtige Rolle. Ohne ihn wäre die amerikanisch-israelische Symbiose bei weitem nicht so stark, wie sie es tatsächlich ist und wie sie sich im Golfkrieg aufs neue bewährt hat.

Am 2. November 1917 erreichten die Zionisten das Ziel, auf das sie seit dem ersten Tag ihrer Existenz hingearbeitet hatten. Sie bekamen die »Charter«, von der Herzl geträumt hatte. Man hat später viele Begründungen und Erklärungen für dieses außergewöhnliche Dokument gefunden, in dem eine Regierung einem anderen Volk ein Land versprach, das ihr nicht gehörte und das sie zu dem Zeitpunkt auch gar nicht besaß. Seiner Majestät Regierung versprach den Juden, ihnen eine »nationale Heimstätte« in Palästina zu errichten. 1917 war es für die Engländer wichtig, die USA an der Seite der Alliierten in den Krieg hineinzuziehen und das revolutionäre Rußland im Krieg zu halten. Die Tatsache, daß in beiden Ländern Juden eine prominente Rolle spielten, hat sicher die Entscheidung mit beeinflußt, ebenso wie der persönliche Einfluß des zionistischen Führers Chaim Weizmann, ein Chemiker, der England im Kriege wichtige Dienste geleistet hatte.

Aber in der Hauptsache handelte es sich bei der »Balfour-Deklaration« (benannt nach dem damaligen englischen Außenminister) einfach um einen Vertrag zwischen Großbritannien einerseits und dem Zionismus andererseits über die Zukunft Palästinas. England sollte das Land für die jüdische Besiedlung öffnen, die Zionisten lieferten England im Gegenzug dafür einen triftigen moralischen Grund, Palästina für sich zu behalten. (Noch zuvor hatte Großbritannien im sogenannten Sykes-Picot-Abkommen versprochen, einen großen Teil Palästinas in eine internationale Zone umzuwandeln. Auch den Arabern wurden in diesem Zusammenhang von England alle möglichen Versprechungen gemacht.)

Die Vernunftehe zwischen England und dem Zionismus nahm einen nicht sehr glücklichen Verlauf und führte am Ende zur Scheidung. Jede der beiden Seiten benutzte die jeweils andere für ihre Zwecke.

Für die Engländer erwies sich das neue jüdische Gemeinwesen in Palästina als ein Mittel, mit dessen Hilfe die arabische Nationalbewegung aufgehalten und die britische Kolonialherrschaft im Lande gesichert werden konnte. Die Parole lautete auch hier: »Divide and Rule«. Es gelang bis 1948.

Aber die Zionisten waren weit davon entfernt, nur die Rolle eines Instruments in den Händen der Briten zu spielen. Sie wußten statt dessen das Bündnis mit England zu nutzen, um in Palästina einen Staat im Staate zu errichten, ein beinahe vollständig unabhängiges Gemeinwesen mit allen Attributen eines embryonischen Staates. Auf hebräisch nannte man ihn »der Staat auf dem Weg«. Als die Zionisten soweit waren, warfen sie die Engländer gewaltsam aus dem Land. Ein selbständiger jüdischer Staat existierte also praktisch schon, bevor die UNO seine Gründung – im Rahmen einer Teilung des Landes – überhaupt beschloß.

Wer hat von diesem britisch-zionistischen Bündnis am meisten profitiert? Das Ergebnis zeigt es: Die Briten gingen, die Zionisten blieben. Es lieferte das Vorbild für alle späteren Allianzen zwischen Israel und westlichen Mächten. Die arabische Seite hat das nie richtig begriffen. Für sie sah das Bild viel einfacher aus: Die Kolonialisten haben den Zionismus erfunden, um den Palästinensern ihr Land wegzunehmen. Israel ist nichts weiter als eine westliche Schöpfung. Diese Simplifizierung hat die Araber dazu gebracht, schicksalhafte Fehler zu begehen. Einer der größten war es, die Streitmacht des neuen jüdischen Gemeinwesens (auf hebräisch »Jischuw«) zu unterschätzen und damit den Teilungsplan der UNO zu verwerfen. So wurde der Staat Israel in einem harten, fünfzehn Monate währenden Krieg geboren, an dessen Ende der jüdische Staat viel größer war als ursprünglich vorgesehen und der arabische Palästina-Staat, der ebenfalls geplant war, überhaupt nicht zustande kam.

*

Als der Staat Israel »ausbrach« (wie man im Hebräischen scherzhaft sagt), hatte er theoretisch verschiedene Möglichkeiten, sich neu zu definieren. David Ben-Gurion, nicht zu unrecht »der Architekt des Staates« genannt, besaß eine klare Vorstellung. Er glaubte nicht an einen Frieden mit den Arabern, jedenfalls nicht in seiner und der nächsten Generation. Er war auch weit davon entfernt, überzeugt zu sein, daß ein Friede gut für Israel sein könnte. Er weigerte sich, die Grenzen Israels offiziell zu ziehen. Im stillen war er entschlossen, sie bei jeder sich bietenden Gelegenheit zu erweitern, sofern die Möglichkeit bestand, weitere Gebiete ohne ihre arabischen Einwohner zu annektieren. So hat er ja schon 1948 gehandelt. Ben-Gurion war ein bewußter Erbe der klassischen zionistischen Politik, der Politik Herzls, Nordaus, Jabotinskys und Chaim Weizmanns. Für ihn stellte Israel in jeder Beziehung einen Teil des Westens dar, das aufgrund seines Krieges mit den Arabern (»ein Teil des Walles . . .«) auf ein Bündnis mit mindestens einer westlichen Großmacht angewiesen war. Die Errichtung eines Palästina-Staates kam für ihn einem Anathema gleich. Im 1948er Krieg wußte er eine solche Staatsgründung im geheimen Bündnis mit König Abdallah von (Trans-)Jordanien zu verhindern.

Eine andere Vorstellung wurde hauptsächlich von der Mapam-Partei vertreten, einer streng zionistischen Siedlerpartei, die jedoch marxistisch und pro-sowjetisch war. Einer ihrer Führer, Ja'akov Chasan, erklärte, daß für ihn die Sowjetunion ein »zweites Vaterland« sei. Diese Richtung sah in Stalin »die Sonne der Völker«, verwarf aber dessen antizionistische Einstellung, die nach einem kurzen Intermezzo wieder zutage kam. (Stalin hat Andrej Gromyko 1947 in der UNO mit einer typisch zionistischen Begründung für die Teilung stimmen lassen und sodann Israel auch anerkannt und mit Waffen unterstützt). Mapam, damals die größte Oppositions-Partei und auch in der Armee sehr beliebt, schlug vor, daß Israel sich mit der Sowjetunion und dem »sozialistischen Lager« zusammentun solle.

Eine andere Einstellung wurde von Nachum Goldman, einem brillanten zionistischen Diplomaten und Denker, vertreten. Er regte an, Israel in eine »Schweiz des Nahen Ostens« zu verwandeln, also in ein neutrales Land zwischen Westen und Osten, der arabischen Welt mit Wohlwollen gegenüberstehend. Eine vierte Einstellung fand nur wenige Anhänger. Sie sah so aus, daß Israel sich vom Westen lösen, mit der arabischen Welt verbünden und den Palästinensern helfen solle, ihren Nationalstaat neben Israel zu errichten. (Ich selbst habe zu Anfang 1949, noch als Soldat in Uniform, diese These in einem Artikel unter der Überschrift »Pax Semitica« vertreten.)

Keine dieser erwähnten Einstellungen hatte irgendeine Chance. Ben-Gurion besaß in den vierziger und fünfziger Jahren eine absolute Autorität, politisch und ideologisch gesehen. In den ersten fünfzehn Jahren Israels hat er den Kurs praktisch allein bestimmt – und alle seine Nachfolger, bis heute, haben diesen Kurs eingehalten.

Noch 1949 hatte Ben-Gurion Kontakte mit einer palästinensischen Delegation in Lausanne, die direkte israelisch-palästinensische Verhandlungen vorschlug, abgelehnt. Die offizielle Doktrin lautete: Wir verhandeln nur mit Staaten, also mit König Abdallah. Als die Palästinenser, von Ägypten unterstützt, mit Terrorakten reagierten, schlug Ben-Gurion ein Bündnis mit Frankreich vor. Die Franzosen nämlich wollten das neue Ägypten Nassers neutralisieren, das die algerischen Freiheitskämpfer unterstützte. Einige Israelis schlugen dagegen vor, den Algeriern gegen Frankreich zu helfen und auf diese Weise eine Brücke zur arabischen Welt zu errichten. Ben-Gurion fand das lächerlich. Er ließ sich von Frankreich bewaffnen, und 1956 griff er, im geheimen Bund mit England und Frankreich, Ägypten an. Zum ersten Mal verbündete sich das souveräne Israel mit zwei Kolonialmächten gegen den anerkannten Führer des arabischen Nationalismus.

Der schnelle Sieg im 56er-Krieg berauschte sogar Ben-Gurion. Er rief das »dritte israelische Königreich, von Dan bis Tiran« aus. (Dan ist ein Kibbuz und die biblische Nordgrenze des Landes, Tiran nannte Ben-Gurion eine kleine Insel am südlichen Ende des Meerbusens von Eilat.) Es dauerte nur 100 Stunden – dann mußte Ben-Gurion, mit gebrochener Stimme, erklären, daß alle besetzten Gebiete wieder zurückgegeben werden. Präsident Eisenhower verlangte das ultimativ, und die Sowjets fügten dem ein offizielles nukleares Ultimatum hinzu. Das Bündnis mit Frankreich hielt nicht lange Stand. Wie vorauszusehen war, ließ Charles de Gaulle es in dem Augenblick fallen, in dem er Algerien aufgab. Israel brauchte einen neuen westlichen Bundesgenossen. Seit Anfang der sechziger Jahre war und ist es Amerika.

1967 griff Israel Ägypten an, wiederum, um Abd-el-Nasser auszuschalten, dieses Mal mit amerikanischer Genehmigung und Hilfe. Bei dieser Gelegenheit eroberte Israel nicht nur die ganze Sinai-Halbinsel bis zum Suez-Kanal, sondern zudem ganz Palästina und die Golanhöhen.

Ägypten und Syrien versuchten, sich am Jom Kippur 1973 zu

revanchieren. Es mißlang im Norden, gelang nur teilweise im Süden. Aber das genügte Nassers Nachfolger, Anwar as-Sadat, die Ehre Ägyptens wiederherzustellen. 1977 machte er eine einmalige historische Geste. Er kam nach Jerusalem, damals noch offiziell Feindesland, und in Camp David, unter amerikanischer Ägide, legte er mit Menachem Begin die Grundlage für einen israelisch-ägyptischen Frieden. In Israel, Ägypten und der ganzen Welt wurde dieser Frieden als historischer Durchbruch bejubelt. Sadat und Begin bekamen gemeinsam den Friedensnobelpreis. »Nie wieder Krieg, nie wieder Blutvergießen« – so versicherte Begin.

Es dauerte nicht lange, bis sich das als eine leere Parole herausstellte. Für Begin war es nur ein Separatfrieden gewesen, der es ihm ermöglichen sollte, die Palästinenser zu isolieren und damit die Rückgabe der besetzten Gebiete Palästinas endgültig zu verhindern. Dafür war er auch bereit, einen hohen Preis zu zahlen: die Rückgabe von ganz Sinai. Kibbuzim wurden aufgegeben und, wie z.B. die neue Stadt Jamit, von den sich zurückziehenden Israelis dem Erdboden gleichgemacht.

All dieses war für Begin kein Problem, denn die Sinai-Halbinsel gehörte nie zu Eretz-Jisrael, im Gegensatz zur West Bank und dem Gaza-Streifen. Begin, wie auch seine Nachfolger, waren entschlossen, diese Gebiete niemals zurückzugeben – »in alle Ewigkeit«, wie Begin und Schamir bei jeder Gelegenheit versicherten.

*

Seitdem hat der hundertjährige Krieg – wenn man die erste vorzionistische Besiedlung 1882 als Anfang nimmt – ein klares Profil gewonnen. Es geht um Palästina – Eretz-Jisrael. Die Hauptantagonisten sind Israel und die Palästinenser. Die israelische Führung – seit 1977 die Likud-Partei – ist gewillt, alle palästinensischen Gebiete und, falls möglich, auch die Golanhöhen zu behalten. Um dieses Ziel zu erreichen, müssen die Palästinenser endgültig ausgeschaltet werden. Das ist das

Hauptmotiv, das alle anderen Aspekte des Konfliktes bestimmt. Die Palästinenser, nicht nur in den besetzten Gebieten, haben sich zu einer Kampforganisation zusammengeschlossen, die allmählich internationale Anerkennung gefunden hat. Die »Palästinensische Befreiungsorganisation« (PLO) hat mit allen Mitteln versucht, Israel zu bekämpfen: Terroranschläge, Guerilla-Aktionen, Propaganda, Diplomatie, Appelle an die israelische Öffentlichkeit. Ihre politischen Positionen haben sich im Laufe der Jahre gemäßigt. Nach einer Phase der totalen Ablehnung der Legitimität Israels hat sie sich mittlerweile mit der Existenz dieses Staates abgefunden, ihn offiziell anerkannt (1988) und einen unabhängigen Staat Palästina auf der West Bank und dem Gaza-Streifen, mit der Hauptstadt im arabischen Ost-Jerusalem, gefordert.

Je gemäßigter jedoch die PLO auftrat, desto schroffer äußerte sich die Ablehnung der israelischen Führung, denn für sie ist eine gemäßigte PLO logischerweise gefährlicher als eine extreme Terror-Bande. Terror kann wohl irritieren, aber nicht mehr. Sollte es allerdings zu Verhandlungen mit palästinensischer Beteiligung kommen, werden die besetzten Gebiete zwangsläufig auf der Tagesordnung stehen. In den Augen der Regierungen muß das auf alle Fälle verhindert werden.

Die israelische Antwort auf diese Herausforderung war ein neuer Krieg im Jahr 1982. Der Architekt des Libanon-Krieges, Verteidigungsminister Ariel Scharon, hatte ein klares, scheinbar leicht durchführbares Konzept: In den Libanon einmarschieren, den PLO-Ministaat, der dort praktisch entstanden war, zertrümmern, die PLO-Führung beseitigen und bei dieser Gelegenheit auch die syrischen Truppen aus dem Libanon herauswerfen. Das Land sollte einer von Israel ausgewählten Gruppe von christlichen Maroniten übergeben und somit ein israelisches Protektorat werden. Scharon selbst besaß zudem einen noch kühneren Plan: Die halbe Million palästinensischer Flüchtlinge im Libanon durch Syrien nach Jordanien gewaltsam abzuschieben, damit sie dort den König stürzen und Jordanien in eine palästinensische Republik umwandeln. So gedachte

Scharon das Palästinenserproblem ein für allemal zu »lösen«: Palästina sollte jenseits des Jordanflusses verlegt werden, die besetzten Gebiete Israel einverleibt werden, Groß-Israel (auf hebräisch: Ganz-Israel-Land) endgültig zur Tatsache werden.

Begin war nicht bereit, einen Krieg zu führen, ohne von seiten Amerikas grünes Licht erhalten zu haben. Scharon wurde daher zu Alexander Haig, dem amerikanischen Außenminister, entsandt. Der gab eine an eine Bedingung geknüpfte Antwort: Die Invasion des Libanon sei nicht erlaubt – es sei denn, daß eine klare, international anerkannte Provokation vorliege. Ein paar Tage später lag sie vor: Die Abu-Nidal Terror-Organisation verübte einen Anschlag auf den israelischen Botschafter in London. Das genügte. Als ein Geheimdienstler es wagte, Begin darüber aufzuklären, daß Abu-Nidal ein Todfeind der PLO war, antwortete Begin kurz: Das ist ganz egal, alle sind PLO. (Bis heute ist übrigens noch nicht klar, wer Abu-Nidal zu dieser wie bestellt wirkenden Provokation veranlaßt hat. Abu-Nidal war damals Saddam Hussein »untertänig«. Wahrscheinlich suchte Saddam einen Vorwand, um Khomeini zu einem Waffenstillstand im Irak-Iran-Krieg zu veranlassen. Ein israelischer Einmarsch im Libanon konnte einen solchen Grund liefern.)

Der unselige Krieg fand ein unseliges Ende. Die PLO mußte sich zwar aus dem Libanon zurückziehen, war aber nicht zerstört. Arafat, der sich im belagerten West-Beirut zum ersten Male mit einem Israeli getroffen hatte (es handelte sich um mich), blieb am Leben. Die Bombardierung Beiruts und das Massaker, das die mit Israel alliierten christlichen Falangisten in den Flüchtlingslagern Sabra und Schatila anrichteten, schokkierten nicht nur die Weltöffentlichkeit, sondern auch viele Israelis. Scharon mußte zurücktreten, und Begin selbst folgte ihm wenig später. Er lebt seitdem als eine Art Einsiedler in seiner eigenen Wohnung, sozusagen unter selbstbestimmtem Hausarrest.

An seine Stelle trat sein Parteikollege Schamir, ein noch unerbittlicherer Gegner eines Palästina-Friedens. Von winziger Statur und äußerst schweigsam, wird Schamir oft unterschätzt.

Der ehemalige Operationschef der Stern-Gruppe (eigentlich: »Kämpfer für die Freiheit Israels«), der extremsten jüdischen Untergrundbewegung vor Staatsgründung, von den Engländern als Erzterroristen gebrandmarkt, war für viele Anschläge persönlich verantwortlich. Er nimmt seine Ideologie ernst, und diese besagt: Keinen Kompromiß, der Israel zwingen könnte, auch nur einen einzigen Quadratmeter von Eretz-Jisrael aufzugeben.

Zunächst mußte Schamir einer neuen Gefahr begegnen. Die Intifada – ein Wort, das die Palästinenser dem Weltlexikon hinzugefügt haben – brach aus. Zum ersten Male glückte den Palästinensern ein wirklicher Volksaufstand. Die israelischen Behörden, wie immer verächtlich, wenn es um arabische Fähigkeiten geht, waren sicher, daß die Geschichte nach ein paar Tagen vorbei sei. Sie befindet sich aber mittlerweile schon im vierten Jahr. Beinahe einhundert Palästinenser kamen ums Leben, Zehntausende wurden verhaftet, Zehntausende verwundet, Hunderte von Häusern als »Strafaktion« demoliert, Dutzende Aktivisten deportiert, Städte und Dörfer wochenlang mit Ausgehverbot belegt. Keine dieser Maßnahmen hatte Erfolg. Im Gegenteil, im Laufe der Jahre hat sich in den besetzten Gebieten eine geheime, PLO-treue Aufstandsführung herausgebildet, deren Befehle ausgeführt werden, so daß ein Palästinenser-Staat praktisch schon unter der Besatzung besteht. Für Schamir war das unerträglich. Er suchte nach einem Ausweg. Als die Golfkrise ausbrach, atmete er auf. Er hoffte, daß sie die Lage von Grund auf, zugunsten seiner Position, verändern würde.

*

So also sah Israels Position bei Ausbruch der Golfkrise aus. Am Ruder saß Schamir, ausgerüstet mit klaren Zielen: das lebenswichtige Bündnis mit Amerika zu verstärken, die PLO auszuschalten, feindliche arabische Heere zu vernichten, Israels militärische Vormacht im Nahen Osten zu erhalten, Israels diplomatische Position so zu sichern, daß keine wie auch immer geartete Friedensbemühung in der Lage sein könnte, Israels Herrschaft in Ganz-Eretz-Jisrael zu gefährden.

Bei Kriegsende sah es so aus, als ob alle diese Ziele erreicht wären.

Der aufgezwungene Frieden

Seit vielen Jahren spukt im Nahen Osten ein Gespenst herum: der aufgezwungene Frieden, Frieden durch fremdes »Fiat«. Es ist ein gutmütiges Gespenst, ein Geist, der es allen friedliebenden Menschen erlaubt, geduldig zu warten und nichts zu tun. Der Frieden wird schon kommen. Andere werden das besorgen. Professor Yeschajahu Leibowitz, eine der markantesten Persönlichkeiten in Israel, von Friedensaktivisten als Prophet »Jesaja III« (nach den zwei in der Bibel) verehrt, hat das einmal so ausgedrückt: »Die beiden internationalen Banditen, Amerika und Rußland, werden ihren Klienten im Nahen Osten einen Frieden diktieren.«

Der größte Prophet des »diktierten Frieden« war Nachum Goldmann. Je weniger Einfluß er auf die israelische Politik besaß, desto mehr glaubte er an ein fremdes Fiat. Und nach jeder Enttäuschung wurde sein Glaube noch stärker. Mindestens einmal im Jahr kam er aus Amerika oder Europa, versammelte seine Anbeter um sich und teilte ihnen im größten Vertrauen mit: Jetzt endlich sei es so weit. Er habe sich mit Soundso getroffen – immer eine wichtige Persönlichkeit, sei es ein russischer Botschafter, ein amerikanischer Secretary of State oder ein europäischer Minister – und dieser habe ihm, natürlich im Vertrauen, erzählt, daß Moskau und Washington sich endlich einig seien, den Frieden im Nahen Osten herzustellen. Goldmann war ein erfahrener Politiker, der die Interessen Amerikas und Rußlands haarscharf zu analysieren wußte. Wie konnte er so oft zu einem falschen Urteil gelangen?

In der israelischen Friedensbewegung ist der Wunsch der Vater des Gedankens. Verirrt man sich in der Wüste, so kann man leicht zum Opfer einer Fata Morgana werden. Wer sich nach dem Frieden sehnt, aber keinen politischen Weg hin zu ihm bei sich selbst sieht, der kann leicht in den Glauben verfallen, daß ein solcher Weg anderswo bestehe. So ist es auf jeden

Fall bequemer. Wenn die Weltmächte ein lebenswichtiges Interesse daran besitzen, Frieden im Nahen Osten zu stiften, dann erscheinen alle Kämpfe innerhalb Israels selbst schnell belanglos. Es wird sowieso zu einem Frieden kommen.

Eine ähnliche Haltung, vielleicht sogar noch ausgeprägter, besteht auf der palästinensischen Seite. Angesichts der gewaltigen Übermacht Israels war es in der Tat verlockend, an äußere Gewalt zu glauben.

In den fünfziger Jahren, als der Name Palästinas beinahe aus dem Weltlexikon verschwand, berauschten sich die Palästinenser an der pan-arabischen Idee. Nirgends – auch in Ägypten selbst – wurde Gamal Abd-el-Nasser so vergöttert wie in den palästinensischen Dörfern und Flüchtlingslagern. Auch die pan-arabischen Parolen der Ba'ath-Partei fanden begeisterte palästinensische Anhänger. Wenn alle Araber ein einig Volk von Brüdern werden, so dachten sie, dann sind auch die Palästinenser nicht mehr länger ein kleines, ohnmächtiges Volk, sondern bilden einen Teil einer großen Nation. Alle Araber würden dann, so glaubte man, die Befreiung Palästinas als ihre gemeinsame heilige Sache betrachten. Aber Nasser starb als ein gebrochener Mann, und die Ba'ath-Partei spaltete sich in feindliche Lager. Ein arabischer Staat nach dem anderen verriet die Palästinenser und ihre Sache, nachdem er sie zuvor für seine eigenen Zwecke ausgebeutet hatte. 1976 zogen die Syrer, im geheimen Einvernehmen mit Israel, in den Libanon ein, um die im Bürgerkrieg siegreiche PLO zu zerschlagen. Ein Jahr später flog der ägyptische Präsident nach Jerusalem, um mit den Israelis Frieden zu schließen, ohne auch nur einen Millimeter palästinensischen Bodens zu befreien. König Hussein massakrierte die Palästinenser im »schwarzen September« 1970. Überall, vom Libanon bis hin nach Kuweit, werden Palästinenser von arabischen Geheimdiensten verfolgt, außer in Jordanien sind sie nirgendwo als Mitbürger akzeptiert worden.

Viele Jahre lang haben die Palästinenser sich auf Moskau verlassen. Wenn Amerika Israel durch dick und dünn unterstützt, dann muß dies existenziellen amerikanischen Interessen entsprechen, so dachte man, und erklärte es nicht zudem dadurch, daß man in Israel eben »die Kreatur des Imperialismus« sah. Wenn dem aber so ist, dann muß die Sowjetunion folgerichtig daran interessiert sein, die Palästinenser zu unterstützen. Das taten die Sowjets auch – allerdings nur mit Worten. Als die Palästinenser im belagerten Beirut um ihr Leben kämpften, schickten die Russen kein Schlachtschiff, geschweige denn ein schwimmendes Lazarett.

Bereits wesentlich früher haben viele Palästinenser ihren Glauben an die arabischen Brüder verloren. Als Jassir Arafat und seine Mitstreiter am Ende der fünfziger Jahre die Organisation Fatah gründeten, war ihr eigentliches Ziel, den palästinensischen Kampf von der Vormundschaft durch die arabischen Staaten zu befreien. Sie bemächtigten sich später der PLO, die ursprünglich von Nasser aufgestellt worden war, um die palästinensische Sache fest in ägyptischer Hand zu behalten. Der palästinensische Unabhängigkeitskampf wollte zuerst die Palästinenser von den anderen Arabern unabhängig machen.

Seit 1974 hat die PLO sich um eine Annäherung an die USA bemüht, in der Hoffnung, daß sie Israel, ihrem »Geschöpf«, den Frieden und den Rückzug aus den besetzten Gebieten aufzwingen würden. Diese Hoffnung trog. Seit Ende 1987 haben es die Palästinenser endlich aufgegeben, an die Hilfe von außen zu glauben. Die letzten Hoffnungen hatten sie auf ein Treffen Ronald Reagans mit Michail Gorbatschow gesetzt, das zwar auch stattfand, in dem Palästina aber noch nicht einmal erwähnt wurde.

Beinahe zur selben Zeit trafen sich die arabischen Monarchen und Präsidenten in Amman. Arafat wurde dort mit Verachtung behandelt, das Palästina-Problem praktisch ignoriert. Hunderttausende von Palästinensern in den besetzten Gebieten konnten das mit eigenen Augen sehen, denn in Jerusalem, Nablus und Gaza empfängt man das jordanische Fernsehen, das das Gipfeltreffen tagelang »live« übertrug. Während dieser Tage war das Leben auf der West Bank und im Gaza-Streifen beinahe lahmgelegt. Alle saßen sie vor den Fernsehapparaten. Das Treffen war der sprichwörtliche Strohhalm, der dem Kamel den Rücken bricht. Ein paar Tage später brach die Intifada aus – so wie ein Damm zerbirst, wenn sich zuviel Wasser hinter ihm gestaut hat. Der Aufstand hat den Palästinensern zwar ihr Selbstvertrauen und ihre Selbstachtung zurückgegeben. Aber auch die ungeheuren Opfer der Bevölkerung – ihr Lebensstandard ist seitdem vielleicht auf die Hälfte gesunken – haben die Palästinenser ihrem Ziel keinen Schritt nähergebracht.

Für kurze Zeit flackerte eine neue Hoffnung auf: Die Amerikaner erklärten sich bereit, einen »Dialog« mit der PLO aufzunehmen, wenn diese bereit sei, Israel offiziell anzuerkennen, den Terror aufzugeben und die UNO-Beschlüsse 224 und 338 anzunehmen. Arafat tat all das, aber der Dialog führte zu nichts anderem als sinnlosen Unterhaltungen zwischen kleinen Beamten, und selbst die wurden von den Amerikanern bei der ersten sich bietenden Gelegenheit offiziell abgebrochen.

So sah die Lage beim Ausbruch der Golfkrise aus. Die Wut, die Verzweiflung und die angestaute Frustration der palästinensischen Massen und ihrer Führung machten sich in einem Begeisterungsausbruch für Saddam Hussein Luft. Mit ihm, so schien es vielen, existierte endlich ein unbestechlicher arabischer Führer, ein wahrer Patriot; bereit, für die Palästinenser wie für sein eigenes Volk zu kämpfen. Und was in arabischen Augen noch wichtiger war: Hier besaß ein Tribun den Mut, Amerika, dem Westen, ja der ganzen Welt zu trotzen.

Natürlich war das eine Illusion. Saddam dachte gar nicht daran, etwas für die Palästinenser zu tun. Er mißbrauchte ihre Sache – und ihr Vertrauen – genau so, wie es alle arabischen Führer vor ihm taten. Israel war ihm im Grunde genommen egal. Als er vor Jahren die Hilfe Amerikas brauchte, um sich im Kampf gegen den Iran behaupten zu können, bestellte er 1982 den jüdischen Kongreßabgeordneten Stephen Solarz aus Washington zu sich, teilte ihm mit, daß er Israels Existenzrecht anerkenne, und veröffentlichte den Inhalt dieses Gespräches selbst – zur großen Verblüffung Solarzs. Später soll Saddam auch noch Kontakt mit dem israelischen Verteidigungsminister Jitzchak Rabin aufgenommen haben. Aber all das hielt Saddam nicht davon ab, sich in der Golfkrise als Todfeind Israels auszugeben, mit Giftgasraketen zu bluffen und Israel dann tatsächlich mit höchst ungenauen Scud-Raketen zu beschießen. Damit hoffte er – allerdings vergeblich – die Massen der arabischen Welt gegen die arabischen Koalitionsvasallen aufzuwiegeln und dadurch wiederum die Amerikaner zu zwingen, den Angriff auf sein Land abzubrechen.

Für die Palästinenser ist diese von Saddam Hussein erfahrene Enttäuschung schlimmer noch als alle vorherigen. Sie reagieren sozusagen mit Messer und Revolver, mit einer Eskalation der Intifada, und hoffen teilweise, wie schon einmal, auf einen diktierten Frieden, made in America. Für die Friedensgläubigen auf beiden Seiten zeichnet sich das Bild nun so: Nach dem letzten Krieg, in dem amerikanische Soldaten ihr Leben geopfert haben, haben die lokalen Konflikte im Nahen Osten eine Dimension angenommen, die den Amerikanern nicht mehr paßt. Genug, werden sie sagen, never again. Jetzt, Kinder, macht Schluß.

Hinzu kommt, daß die Amerikaner ihren arabischen Klienten, die der Intervention die notwendige Legitimierung gegeben haben, auch eine entsprechende Entschädigung schuldig sind. Berühmte Demokraten wie Assad in Syrien, Mubarak in Ägypten, Hassan in Rabat, Fahd in Saudi-Arabien sowie assortierte Ölscheichs, die jetzt in ihren eigenen Ländern als amerikanische Quislinge angeprangert werden, müssen sich schnell den Mantel des arabischen Patriotismus umhängen. Diese Wirkung können sie nur durch die Lösung des Palästina-Problems erreichen. Das erscheint logisch, und nicht umsonst macht sich Schamir einige Sorgen. Aber nicht zu sehr.

*

In der Tat, die amerikanischen Friedensbemühungen im Nahen Osten sind ein rätselhaftes Kapitel für sich. Was Israel betrifft, so ist es total abhängig von Amerika. An direkter Unterstützung erhalten Israel und Ägypten mehr als die ganze sonstige Welt zusammen. Das sind in einem Durchschnittsjahr ungefähr 2800 US-Dollar pro israelischer Familie, mehr als das Jahreseinkommen von Familien in vielen Ländern der Welt. Ohne diese massive Hilfe würde die Wirtschaft Israels zusammenbrechen und seine militärische Vorherrschaft unmöglich sein. (Nach einem der in Israel bekanntesten Witze soll der ehemalige Premierminister Levi Eschkol, als er erfuhr, daß die Ernte wegen Wassermangels ausgeblieben sei, bestürzt ausgerufen haben: »Wo? In Texas?« – »Nein, bei uns«, war die Antwort. »Na, das macht ja nichts«, soll er sich da beruhigt haben.)

Es war Amerika, das Israel über Jahre hinweg vor einem sowjetischen nuklearen Ultimatum schützte und durch sein Veto immer wieder unangenehme anti-israelische UNO-Beschlüsse verhinderte. Auf allen Gebieten – von der Wissenschaft bis hin zu den Geheimdiensten – existiert eine enge amerikanisch-israelische Zusammenarbeit. Trotzdem hat Israel wiederholt allen Friedensbemühungen verschiedener amerikanischer Präsidenten getrotzt, selbst wenn es um das Prestige der jeweiligen Präsidenten ging. Jeder neugewählte Präsident hat eine grandiose neue Initiative entwickelt und meistens mit schmetternden Fanfaren angekündigt, um sie sodann in äußerster Stille wieder fallenzulassen.

1969 beispielsweise gab William Rogers, der Außenminister des Präsidenten Richard Nixon, einen weitreichenden Friedensplan bekannt. Der »Rogers-Plan« sah den Rückzug Israels auf seine alten Grenzen vor, »mit nicht-substanziellen Grenzveränderungen«, im Rahmen einer Friedenslösung. Nur ein einziger Knesset-Abgeordneter (wieder einmal ich selbst) stimmte für diese Lösung. Der Plan verschwand wie ein Wassertropfen in der Wüste. (Ein Jahr später nahmen Israel und Ägypten die Waffenstillstandsinitiative von Rogers an, die jedoch nichts mit dem Frieden zu tun hatte. Beide Seiten hatten nur einfach den »Zermürbungskrieg« am Suezkanal satt.)

1978 gab ein neuer Präsident, Jimmy Carter, auch eine neue Parole aus: »A Homeland for the Palestinians«, also ein Staat. Man hat nie wieder davon gehört. Ein paar Monate vorher schon, am 1. Oktober 1977, war ein sowjetisch-amerikanisches Kommunique veröffentlicht worden, das einen großen Schritt vorwärts bedeutete. Moshe Dayan, damals Begins Außenminister, eilte flugs nach Washington, und das Kommunique landete im Papierkorb. Aber als Begin dann beschloß, daß ein Separatfrieden mit Ägypten seiner Annexionspolitik nützen würde, wurde Carter im Camp David zum Friedensstifter.

Ein neuer Präsident, ein neuer Friedensplan. Im Laufe des von Ronald Reagan genehmigten Libanonkrieges wurde 1982 der Reagan-Plan verkündet, der einen palästinensischen Staat kategorisch ablehnte, aber zumindest einen israelischen Rückzug vorsah. Kurz darauf ist der Plan verschollen. Gegen Ende der Amtszeit Reagans hörte man noch kurz von einem »Shultz-Plan«, und damit hatte es sich dann auch.

Mit Präsident Bush trat 1990 die Bush-Baker-Initiative ins Leben. Obwohl sie auf einem sogenannten »Schamir-Friedensplan« beruhte, wurde sie von Schamir sabotiert. Und selbst diese Initiative seligen Angedenkens besagte nichts anderes, als daß eine israelische Delegation sich in Kairo mit Palästinensern aus den besetzten Gebieten treffen sollte, um über eine zukünftige Zusammenkunft zu reden. Schamir lehnte das mit der Begründung ab, daß auch jemand aus Ost-Jerusalem teilnehmen sollte, Ost-Jerusalem aber von Israel annektiert worden sei. Er wollte auch keinen von Israel Deportierten dabei haben und auch keinen, der mit der PLO zu tun hat. Damit war die Sache, noch vor der Golfkrise, »gestorben«.

*

Warum hat Amerika sich das gefallen lassen? Aus welchem Grund haben sich all diese Präsidenten, Demokraten und Republikaner, von einem kleinen, von Amerika abhängigen Nahost-Staat demütigen lassen? Das ist – wie die Amerikaner selbst sagen – die 64000-Dollar-Frage.

Die einfachste und populärste Antwort ist die, daß das Weiße Haus Angst hat vor der jüdisch-israelischen Lobby. Und da ist etwas dran. Die israelisch-amerikanischen Beziehungen sind bei weitem komplizierter als es die arabische Parole (»Israel ist eine Schöpfung der Imperialisten«) anzeigt. Scherzhaft wurde einmal gesagt, daß der liebe Gott den Arabern das Öl und Israel die amerikanischen Juden geschenkt habe. Ein Israeli hat die gegenseitigen Beziehungen, nicht ganz so scherzhaft, so definiert: »Israel ist zwar eine amerikanische Kolonie, aber Amerika ist auch eine israelische Kolonie.«

In den USA leben heute beinahe sechs Millionen Juden. Ihre Vorfahren sind zur selben Zeit massenhaft von Osteuropa aus nach Amerika ausgewandert, als ein kleiner, idealistischer Teil ihrer Volks- und Glaubensgenossen nach Palästina zog. Inzwischen haben es viele in den USA zu Ansehen und Reichtum gebracht. Der Holocaust, in dem sechs Millionen ihrer Verwandten auf grausige Art ihr Leben verloren haben und den sie selbst nur aus sicherer Ferne miterlebt haben, erfüllt sie noch heute mit einem tiefen Schuldgefühl, das noch verstärkt wird durch das Bewußtsein, in einem reichen Land ein luxuriöses Leben zu führen, während ihre heroischen Brüder in Israel in stetigem Kampf stehen.

Das alles hat dazu geführt, daß sich die amerikanischen Juden, mehr und stärker als irgendeine ethnische Gruppe in den USA, straff als »Pressure Group« organisiert haben. Da sie sich gerade in strategisch günstig gelegenen Bundesstaaten konzentrieren, besitzen sie die Möglichkeit, auf den Kongreß einen äußerst starken Druck auszuüben. Es muß sich schon um einen sehr mutigen Senator oder Kongreßabgeordneten handeln, der sich bereit zeigt, Israel zu trotzen – denn das kommt fast einem politischen Selbstmord gleich. Hinzu kommt der gewaltige Einfluß pro-israelischer Gruppen auf die Medien.

Dieses Machtinstrument in einem fremden Staat steht jeder israelischen Regierung zur Verfügung, ganz gleich, welche Politik sie vertritt. Wie jemand es einmal ausgedrückt hat: Auch wenn die Israelis Caligulas Pferd zum Premierminister wählten, würde das jüdische Establishment in Amerika es bedingungslos akzeptieren. Israelis, die ihre Regierung kritisieren, sind in den jüdischen Gemeinden in den USA unerwünscht. Amerikanische Juden, die das tun, werden geächtet. Nur ein außergewöhnlich starker Präsident kann es sich daher leisten, der israelischen Regierung länger als nur vorübergehend entgegenzutreten. Seit Dwight D. Eisenhower Israel 1956 zwang, die Sinai-Halbinsel zu räumen, hat das keiner mehr versucht.

Natürlich wäre dieser Einfluß auf die amerikanische Politik nicht so groß, wenn er lediglich auf dem politischen Druck einer kleinen Minderheit beruhte. Aber auch die große christliche Mehrheit in den USA identifiziert Israel weitgehend mit alten amerikanischen Pionier-Idealen. Araber sehen wie Indianer aus, jüdische Siedler wie amerikanische Pioniere. Dazu kommen christlich-theologisch geprägte Vorstellungen von der Rückkehr der Juden in das gelobte Land. Dagegen haben die Araber nichts anderes anzubieten als Öl und eine Million schlecht organisierter Arab-Americans.

*

Aber liegt in der Einflußnahme der pro-israelischen Lobby wirklich eine ausreichende Lösung des Rätsels begründet? Wohl kaum, zumindest dann, wenn man nicht an »die Weisen von Zion« glaubt. Die USA sind eine Weltmacht. Keine Weltmacht läßt sich durch den Einfluß einer Lobby, so stark und geschickt sie auch sein mag, von ihren lebenswichtigen Interessen abhalten. Wenn dies eines Beweises bedurfte, dann hat ihn ein gewisser Herr Jonathan Pollard sicherlich geliefert.

Pollard war ein Angestellter des Nachrichtendienstes der amerikanischen Kriegsmarine, Jude und Zionist. Eine Sonderabteilung des israelischen Geheimdienstes hatte ihn für ihre Zwecke geworben, und er konnte ihr scheinbar äußerst wichtige Geheimdokumente zuleiten. Er wurde jedoch von der amerikanischen Abwehr gefaßt. Unter Freunden hätte das vertuscht werden können. Der amerikanische Geheimdienst war ja sowieso verpflichtet, seinen israelischen Kollegen alle für sie wichtigen Geheimnisse zu liefern, was auf Gegenseitigkeit beruht, wobei den Israelis auf diesem Gebiet ein großes Renommee zueigen ist.

Aber die amerikanischen Kollegen waren wirklich wütend. Nicht nur, weil man sich nicht gerne von Freunden bespitzeln läßt, sondern auch darum, weil Herr Pollard allem Anschein nach genau wußte, was er aus den Safes zu entnehmen hatte. Daraus schlossen die Amerikaner, daß ein noch viel höher gestellter Beamter für Israel arbeitet, und den wollten sie gerne ausfindig machen.

Vielleicht aus wirklicher Wut, vielleicht aber auch, um Pollard zu erpressen, wurde der arme Kerl zu einer lebenslänglichen Gefängnisstrafe verurteilt. Die Israelis waren empört. Aber die amerikanischen Juden stellten sich diesmal nicht auf die Seite Israels. Ganz im Gegenteil, sie kritisierten Israel öffentlich und scharf – etwas, was bis dahin für beinahe unmöglich gehalten worden war.

Das war eine Warnung. Die Unterstützung der amerikanischen Juden für Israel ist also nicht ganz bedingungslos. Sie besteht nur solange, wie sie gleichzeitig mit amerikanischem Patriotismus zu vereinbaren ist. Eine Situation, in der die amerikanischen Interessen ganz klar denjenigen Israels entgegenstünden, würde die amerikanischen Juden vor ein herzzerreißendes Dilemma stellen. Sie würden sicher zu Amerika stehen.

Also muß hinter der Politik amerikanischer Präsidenten im Nahen Osten noch mehr stecken als nur die reine Angst vor Israel und seinen Anhängern in den USA. Aber was ist es? Wer profitiert von dem andauernden Kriegszustand in der Region?

Die Waffenproduzenten, natürlich, und besonders die amerikanische Waffenindustrie, die einen mächtigen Einfluß auf das Weiße Haus und auf den Kongreß hat. Es gibt Fachleute in Washington, die glauben, daß erst die Verbindung der Waffenlobby mit der pro-israelischen Lobby eine wahre kritische Masse erzeugt. Amerikanische Waffenlieferungen in den Nahen Osten belaufen sich auf Unsummen. Die Milliarden, die Saudi-Arabien und andere Ölfürstentümer Amerika für Waffen zahlen, machen einen großen Teil der amerikanischen Ölausgaben wieder wett. Die ziemlich belanglose saudi-arabische Streitmacht kann diese Unmengen von Waffen weder gebrauchen noch absorbieren. Vielleicht dienen diese Waffengeschäfte auch nur dazu, saudischen Prinzen riesige Summen an Provision zuzuschustern, damit sie in dem Stil leben können, an den sie sich gewöhnt haben.

Die Waffenlieferungen sind nur in einem latenten Kriegszustand möglich. Wer Israel heute ein Kampfflugzeug verkauft, kann sicher sein, daß morgen Saudi-Arabien, Ägypten, Kuweit und die Emirate zehn Maschinen derselben Sorte bestellen, während Syrien und Irak ähnliche Instrumente in der Sowjetunion einkaufen. Jeder Bomber, den die Sowjetunion an Syrien verkauft – und der mit saudischem Geld bezahlt wird –, setzt die Lieferung eines amerikanischen Jägers an Israel voraus und umgekehrt.

Eine solche Runde bringt den Waffenproduzenten vieler Länder, auch den deutschen, französischen und britischen, aber hauptsächlich den amerikanischen, viele Milliarden ein. Wenn dann so ein »kleiner« Krieg ausbricht, wie der Jom-Kippur- oder der Golfkrieg, dann kann man alle neuen Waffensysteme an lebendigen Menschen ausprobieren, und alle benutzten Waffen müssen außerdem anschließend ersetzt werden.

Israel, das in diesem Prozeß eine kritische Rolle spielt, braucht für die Waffen nicht mit eigenem Geld zu zahlen, es bekommt sie meistens »geschenkt«. Aber irgend jemand zahlt doch, und der Waffenindustrie ist es egal, ob das Geld vom israelischen oder vom amerikanischen Steuerzahler kommt. Da Israel unmittelbar nach größeren Waffenlieferungen an arabische Staaten tatsächlich neue Waffen zu seiner Sicherheit braucht, ist es die Aufgabe der jüdischen Lobby, den amerikanischen Kongreß zu überzeugen, Lieferungen an Israel zu finanzieren. Das fällt nicht schwer. Am Ende sind dann alle zufrieden.

Aber die Waffenindustrie – so wichtig sie auch für die amerikanische Wirtschaft ist – kann nicht allein ausschlaggebend sein, wenn es sich um wirklich wichtige Interessen handelt. Sie kann zwar das Pferd zum Weißen Haus bringen – und die Wahl eines zweitrangigen Hollywood-Schauspielers zum Präsidenten hat das gezeigt –, aber es nicht zum Trinken zwingen. Glaubten der Präsident und seine Regierung in der Tat daran, daß der Frieden im Nahen Osten für Amerika lebenswichtig ist, dann würden weder die Lobby noch die Waffenhändler in der Lage sein, ihn an entsprechenden Schritten zu hindern.

In seiner Abschiedsrede vom Januar 1961 prägte der amerikanische Präsident Dwight D. Eisenhower einen neuen Begriff: »In the Councils of Government we must guard against the acquisition of unwarranted influence ... by the Military-Industrial Complex.« Der ehemalige Oberbefehlshaber der alliierten Truppen wußte, wovon er sprach. Aber gerade er hat während seiner Amtszeit bewiesen, daß man diese Gefahr auch eingrenzen kann.

Auch die Dummheit, die ja bekannterweise in der Politik aller Länder eine so wichtige Rolle spielt, kann keine überzeugende Erklärung liefern. Jeder, der den Frieden in dieser Region will – ob Israeli, Araber, Amerikaner, Russe oder Deutscher –, weiß heute schon genau, wie dieser Frieden aussehen muß und was man anstellen muß, um ihn zu erlangen. Darüber besteht bereits ein internationaler Konsens.

Israel, die PLO und die arabischen Staaten müssen zu einem Frieden geführt werden, der den Palästinensern einen Staat auf der West Bank und im Gaza-Streifen gibt, der Israels Sicherheit gewährleistet, Syrien die Golanhöhen zurückgibt, der Flüchtlingstragödie ein Ende setzt und alle Grenzen zwischen Israel und den arabischen Staaten öffnet. Wenn alle Seiten das im Prinzip annähmen, wären 90 Prozent der Probleme in dieser Region gelöst. Unter amerikanischer Ägide könnte dann über die praktischen Probleme, die mit einer solchen Regelung verbunden sind, verhandelt werden. Niemand im Nahen Osten bezweifelt, daß das hauptsächlich von den USA abhängt.

*

Und damit gelangt man zu dem zwingenden Punkt: Ist es überhaupt im amerikanischen Interesse, einen wirklichen Frieden im Nahen Osten zu etablieren? Oder besser gesagt: Glauben amerikanische Staatsmänner daran, daß ein wirklicher Frieden im amerikanischen Interesse liegt? Scheinbar spricht alles für ein solches amerikanisches Interesse. Bis vor kurzem war der Nahe Osten ein potentieller Brandherd, der einen amerikanisch-sowjetischen Brand auslösen konnte. Das hat aber weder die Amerikaner noch die Russen dazu gebracht, ihre Klienten zu einem Frieden zu zwingen. Statt dessen haben sie ihnen weiterhin Vernichtungswaffen geliefert und sich darauf verlassen, daß sie auch in Zukunft alles kontrollieren könnten. Eine Fortsetzung der Genfer Friedenskonferenz, die die Sowjets immer vorgeschlagen haben, ist von den Amerikanern konsequent verhindert worden. Auf dieser Konferenz 1973 (sie dauerte nur einen Tag) hatten die USA und die UdSSR gemeinsam den Vorsitz. Wichtiger war es Washington damals aber, die Einflußnahme der Sowjetunion einzugrenzen, als den Frieden zu fördern.

Seit dem Zusammenbruch der Sowjetunion hat sich die Lage natürlich grundlegend verändert. Im Nahen Osten ist der sowjetische Einfluß praktisch verschwunden. Alle Staaten in dieser Region sind jetzt mehr oder weniger – eher mehr als weniger – von den USA abhängig. Für Amerika wäre das eine glänzende Gelegenheit, Frieden zu stiften. Nach Beendigung der Golfkrise, die das politische und militärische Prestige Amerikas immens steigerte, stehen die Chancen dafür besser als je zuvor. Es kann sich um eine einmalige Gelegenheit handeln, denn am Horizont zeichnen sich bereits neue Gefahren ab. Die offene Wunde der palästinensischen Tragödie, die arabische Überzeugung, daß Amerika es einem arroganten Israel ermöglicht, die arabische Welt tagtäglich zu demütigen, die Korruption der von Amerika unterstützten Wüstenscheichs – all dies wirkt wie Öl auf das Feuer des arabischen Nationalismus und des islamischen Fundamentalismus. Als Status-quo-Macht muß Amerika ein Interesse daran haben, diesen Kräften zuvorzukommen, bevor sie den Nahen Osten erneut destabilisieren. Auf weite Sicht liegt hier die bei weitem größte Gefahr für die Zukunft begründet.

*

All das stimmt sicherlich, aber keine Regierung der Welt betreibt tatsächlich eine Politik »auf weite Sicht«, obwohl jede gern in diesem Sinn redet. Regierungen sind, wie gewisse Tiere, von Natur aus kurzsichtig. Sie brauchen schnelle Erfolge, und normale Politiker sehen nicht weiter als bis zu ihrer Nasenspitze – zumindest dann, wenn die Nasenspitze die nächsten Wahlen berührt. Für die USA trifft das noch mehr zu als für andere Staaten. Der allmächtige Präsident, der die Außenpolitik praktisch allein bestimmt, umgibt sich mit persönlichen Freunden und ernennt Dilettanten zu Ministern. Seine Wiederwahl ist für ihn während seiner ersten vier Regierungsjahre das allerwichtigste. Seine Amtszeit ist verfassungsmäßig auf acht Jahre begrenzt, und was danach passiert, ist »not on my watch«. Fachleute, besonders im Außenministerium, haben selten einen wirklichen Einfluß. Hinzu kommt, daß die pragmatisch veranlagten amerikanischen Politiker und das gesamte System der amerikanischen Administration es beinahe unmöglich machen, ein klares, integriertes Konzept »auf lange Sicht« zu entwickeln. Das ist auch in anderen demokratischen Systemen schwer, Amerikaner aber mißtrauen solchen Konzepten instinktiv.

Das amerikanische Konzept für den Nahen Osten als solches ist pragmatisch begründet und kurzfristig angelegt, aber damals hat es sich fest etablieren können. Es ist zynisch, wie jede Großmachtpolitik, und besagt ganz einfach: Der Status quo ist der beste aller möglichen Zustände in dieser Region. Der fortdauernde Kampf zwischen Israel und der arabischen Welt macht alle Völker im Nahen Osten von Amerika abhängig. Ein militärisch mächtiges Israel ist ein Knüppel in den Händen Amerikas, um jedem arabischen Staat, der nicht pariert, mit Vergeltung drohen zu können. Die geographische Lage, die politischen Interessen und die militärische Überlegenheit Israels verhindern zudem die Vereinigung der arabischen Welt, die amerikanische Interessen gefährden könnte. In diesem Sinne sind auch die Unsummen, die Amerika für Israel ausgibt, nichts weniger als eine Investition, die sich hundertmal lohnt. Viele Israelis empfinden die amerikanische Hilfe dementsprechend nicht als Geschenk, sondern als ein Art Bezahlung für geleistete Dienste. Auf der anderen Seite macht der Kriegszustand natürlich auch Israel gänzlich abhängig von Amerika. Solange die Situation so bleibt, wie sie ist, braucht Amerika sich keine Sorgen um seine Hegemonie in diesem lebenswichtigen Erdölgebiet zu machen. Es ist Divide et Impera, großgeschrieben.

In der Politik muß man nicht beweisen, daß ein bestehender Zustand gut ist. Dafür ist kein neuer Beschluß erforderlich. Aber wer etwas verändern will, muß beweisen, warum der angestrebte Zustand, der einen neuen Beschluß erfordert, besser ist als der alte.

Käme ein Frieden im Nahen Osten amerikanischen Interessen eher entgegen? Scheinbar glauben die Amerikaner das selbst nicht. Frieden würde bedeuten, daß alle Völker in der Region Amerika wesentlich weniger brauchen als jetzt. Gewaltige Summen, die heute noch für amerikanische Waffen verschwendet werden, könnten durch einen Frieden in dieser Region eingespart werden. Ein gemeinsamer Nahost-Markt würde erstmals möglich gemacht. Das Talent und die Energie der Israelis sowie der Palästinenser und der anderen Araber könnten dazu genutzt werden, eine Wirtschaftsmacht aufzubauen, die für Amerika ebenso unbequem wäre wie bisher die deutsche und die japanische. Alles in allem scheint also die Situation so wie bisher günstiger zu sein für die Amerikaner.

Stimmt das wirklich? Die Frage allein ist belanglos. Wichtig ist nur, daß die Leute, die seit Jahrzehnten die amerikanische Politik im Nahen Osten bestimmt haben, dieses Vorgehen für richtig hielten. Und das tun sie scheinbar auch heute noch, nach Beendigung des Golfkrieges. Jedenfalls geht nach dem Waffenstillstand in der irakischen Wüste alles so weiter, wie es auch schon vor dem Kriege gelaufen ist. Wieder einmal spukt ein amerikanischer Außenminister in der Gegend herum, ohne etwas ausrichten zu können. Wieder suchen die Amerikaner mysteriöse »neue Wege« zur Lösung des Konflikts, ohne zu sehen, was direkt vor ihren Augen liegt. Wie schon so oft zuvor reden sie von »vertrauensbildenden Maßnahmen« und ähnlichem Unsinn. Wieder einmal wird nur von »Step by Step« und »Friedensprozessen« gesprochen, anstatt das Problem konkret anzupacken.

Das von vielen so ersehnte Friedensdiktat erweist sich wieder als eine Fata Morgana. Der vorgesehene Friedensdiktator hat einfach kein Interesse daran. Sorry.

Das Nessos-Gewand

Ein alter jiddischer Witz lautet: Zwei Juden fahren mit einem Dampfer nach Amerika. Nachts weckt einer den anderen auf. »Moische«, schreit er. »Der Dampfer sinkt!« Sagt Moische: »Was regst du dich auf? Gehört er dir?«

Israel ist der einzige Passagier auf dem Friedensschiff. Eigentlich sollte es ihm also besonders wichtig sein, was mit dem Schiff passiert. Die israelische Regierung benimmt sich aber, als ob jede Friedensinitiative ein feindliches Schiff wäre, das so schnell wie möglich versenkt werden müsse. Die amerikanische Politik, die keinen Frieden anstrebt, deckt sich auch in diesem Fall mit der israelischen. Warum eigentlich?

*

Israel hat im Golfkrieg ähnliches erlebt wie 1967 im Sechs-Tage-Krieg. Auch damals geschah ein »Wunder«. Israel steckte in einer großen Wirtschaftskrise und in tiefer seelischer Depression. Alles war irgendwie lahmgelegt. In einem Anfall von Unmut entstanden Witze wie der folgende: »Im Flughafen Lod hat man ein Schild ausgehängt: Der letzte, der das Land verläßt, wird gebeten, das Licht auszumachen.« Kleinen Zwischenfällen an der syrischen Grenze und palästinensischen Guerilla-Attacken wurde kaum Beachtung gezollt.

Plötzlich, aus heiterem Himmel, tauchte die Nachricht auf, daß Gamal Abd-el-Nasser, der ägyptische Diktator, seine Divisionen auf der Sinai-Halbinsel konzentriert hatte. Das bedeutete eine direkte Bedrohung Israels. Da Israel, im Gegensatz zu Ägypten, nur ein kleines stehendes Heer besitzt, mußten die Reservisten zur Fahne gerufen werden. Damit kam die Wirtschaft, und eigentlich das ganze Leben im Lande zum Stillstand. In den Städten waren die Straßen wie leergefegt. Drei Wochen lang bangte man um die Existenz des Staates. Es sah so aus, als ob die Regierung, vor Angst gelähmt, sich nicht entschließen könnte, etwas zu tun. Die Armee wurde ungeduldig. Jeder Tag, der vergeht, so dachten alle, macht die Lage noch schlimmer. Dann kam der Befehl, und die israelische Armee brach in alle Richtungen aus. In wenigen Stunden war die ägyptische Luftwaffe vernichtet. Drei arabische Heere, das ägyptische, jordanische und syrische, wurden zerschlagen. Als der sechste Tag zu Ende ging, war ganz Palästina, die ganze Sinai-Halbinsel und waren die Golanhöhen in israelischer Hand; Gebiete, die bei weitem größer waren als Israel selbst. Die Euphorie war unbeschreiblich. Ganz Israel fühlte sich im wahrsten Sinne des Wortes siegestrunken. Die übergroße Begeisterung machte jede vernünftige Überlegung unmöglich.

Im Rückblick sieht alles anders aus. Nasser hatte gar nicht daran gedacht, Israel anzugreifen, sondern wollte vielmehr durch eine leere militärische Geste seine Solidarität mit Syrien demonstrieren. Die ägyptische Armee wurde in Israel immens überschätzt. Die israelische Regierung unter Levi Eschkol hoffte nicht auf ein Wunder, sondern auf das grüne Licht Amerikas zum Angriff. Der israelische Generalstab unter Jitzchak Rabin – der beste, den die israelische Armee je gehabt hat – war auf den Krieg vorzüglich vorbereitet und hatte nur darauf gewartet, daß Nasser seine Truppen in die Sinai-Wüste, eine natürliche Panzerfalle, verlegte. Aber zur damaligen Zeit konnte das niemand wissen. Auch die Spitzenpolitiker waren ehrlich um die Existenz des Staates besorgt.

Bei Kriegsende besaß Israel eine einmalige Gelegenheit, Frieden zu schließen. Alle palästinensischen Gebiete befanden sich zum ersten Mal in seiner Hand. Israel konnte sie den Palästinensern als Staatsgebiet anbieten, unter psychologischen und politischen Bedingungen, die – weit über einen Frieden hinaus – eine friedliche Nachbarschaft und Zusammenarbeit ermöglicht hätten. Die Palästinenser, und eigentlich die ganze arabische Welt, litten noch an den Nachwirkungen des Schocks und waren daher für neue Ideen aufnahmebereit.

Diese historische Chance wurde vertan – aber nicht, weil

Premierminister Eschkol sie nicht gesehen hätte. (Ich selbst habe ihm diesen Vorschlag in einem offenen Brief vorgetragen, den ich am fünften Tag des Kriegs veröffentlicht habe, und danach mit ihm auch persönlich über diese Thematik gesprochen.) Es eilt nicht, haben er und andere sich damals gesagt. Wir haben die Gebiete in unserem Besitz. Wir können warten. Die Palästinenser brauchen wir überhaupt nicht. Mit König Hussein können wir bei Gelegenheit verhandeln, wenn er von vornherein auf Ost-Jerusalem und andere Gebiete verzichtet. Vorläufig können wir ein paar Kibbuzim in den besetzten Gebieten errichten ...

Eschkol sah nicht, was da mit ihm passierte. Vielleicht kannte der in Kiew geborene, mit 18 Jahren ins Land gekommene ehemalige Pionier sich in der griechischen Sagenwelt nicht aus. Sonst hätte er vielleicht an das Nessos-Gewand des Herakles gedacht, dieses Hemd, das der Held benötigte, um Zeus nach einem großen Sieg ein entsprechendes Opfer zu bringen. Er sandte einen Boten zu seiner Gattin Deianira, mit dem Auftrag, sich von ihr ein weißes Gewand geben zu lassen. Deianira ging hin und bestrich das Gewand mit einer Salbe, die ihr der von Herakles überwundene Centaur Nessos heimtückischerweise mit dem Hinweis geschenkt hatte, es handele sich um ein Mittel, mit dessen Hilfe sie die Liebe ihres Mannes wiedergewinnen könne. Tatsächlich war die Salbe aus den schrecklichsten Giftstoffen zusammengemischt und wirkte tödlich. Kaum hatte Herakles das Gewand angelegt, als er auch schon von entsetzlichen Schmerzen ergriffen wurde. Der arme Held konnte das Hemd nicht mehr ausziehen und übergab sich schließlich den Flammen.

Ohne es zu bemerken, war Israel 1967 ähnliches geschehen. Der Segen des Sieges erwies sich als ein verkappter Fluch. Das »Geschenk« der Gebiete war vergiftet und der Sechs-Tage-Krieg wie eine jener bösartigen Spielereien, mit denen gelangweilte griechische Götter sich ihre Zeit in der Ewigkeit vertreiben. Die Untergangsstimmung vor dem Krieg, der atemberaubende Sieg, die unglaublichen Eroberungen – alles war so inszeniert, als ob ein tückischer Gott die israelische Führung ihrer Sinne hätte berauben wollen. Schon zu Anfang der Besetzung hatte Professor Yeschajahu Leibowitz prophezeit, daß Israel zu »einem Volke von Arbeitsaufsehern und Schin-Bet-Leuten« werde. »Schin-Bet oder auch Schabak sind die Initialen des israelischen »Allgemeinen Sicherheitsdienstes«.) Der damalige Finanzminister, Pinchas Sapir, warnte, daß billige Arbeitskräfte aus den besetzten Gebieten die Modernisierung der israelischen Industrie verhindern würden.

Es wurde alles noch viel schlimmer. Die besetzten Gebiete haben Israel als Staat und Gesellschaft korrumpiert. Das siegreiche israelische Heer, 1967 beinahe vergöttert, mußte sich mehr und mehr als eine koloniale Polizeitruppe betätigen. Reservisten, von Universitätsprofessoren bis hin zu Landarbeitern, wurden ausgehoben, um Frauen und Kinder in den besetzten Gebieten zu jagen und nachts mit Gewehrkolben an Haustüren zu klopfen. Militär, Polizei und Sicherheitsdienst benutzten Methoden, die vor 1967 undenkbar schienen. Eine Kommission unter dem Vorsitz eines Oberrichters erlaubte es ihnen offiziell, auf verdächtige Palästinenser »mäßigen körperlichen Druck« auszuüben. Woraus genau dieser Druck bestehen sollte, wurde nicht veröffentlicht.

Es war der Stolz der Zionisten, daß jüdische Siedler nur von ihrer eigenen Arbeit leben, anstatt wie die Siedler der Kolonialstaaten und besonders Südafrikas, die Arbeit von »Eingeborenen« auszubeuten. Das hat sich mittlerweile radikal verändert. Bis zum Golfkrieg arbeiteten täglich mehr als 120 000 Einwohner der besetzten Gebiete im kleinen Israel, zu Bedingungen, die an Südafrika erinnern. Unsere Gastarbeiter dürfen nicht in Israel schlafen, sie arbeiten oft zehn und zwölf Stunden für geringen Lohn, ohne irgendwelche sozialen Rechte zu besitzen. Den Schutz der mächtigen israelischen Gewerkschaft, der Histadrut, erfahren die wenigsten unter ihnen. Sozialsteuern werden zwar von ihrem Lohn abgezogen, aber ihnen keineswegs in Form von Sozialleistungen zurückgegeben. Jeder kann in jedem Augenblick entlassen werden und muß dann das israelische Staatsgebiet sofort verlassen, nicht selten sogar ohne seinen Lohn erhalten zu haben. Langsam aber sicher übertrug man diesen »Arbeitern aus den Gebieten« alle schweren oder »schmutzigen« Arbeiten. Sie sind hauptsächlich als Bauarbeiter beschäftigt, als Landarbeiter oder Küchenangestellte.

Diese Menschen sind aber keine »Gastarbeiter« im europäischen Sinn. Sie befinden sich im eigenen Land, und sie haben keine Alternative: Kategorisch verbieten die Besatzungsbehörden die Errichtung jedes Betriebs, der in irgendeiner Form mit einem israelischen Unternehmen konkurrieren könnte. In den besetzten Gebieten gibt es keine Industrie. Sie sind für Israel ein »gefangener Markt«, der der israelischen Wirtschaft zwei Millionen »Konsumgefangene« sichert, eine äußerst wichtige Ergänzung der viereinhalb Millionen israelischer Konsumenten (von denen 800 000 arabische Staatsbürger Israels sind). Aber auch dieser Segen erweist sich als Fluch. Wie Sapir es prophezeit hatte, ist die israelische Wirtschaft auf vielen Gebieten technologisch zurückgeblieben.

Der Zionismus war nicht nur eine nationale Bewegung. Die große Mehrheit der Urzionisten träumte von einer neuen, idealen Gesellschaft. Die »soziale Pyramide« der Juden sollte umgekehrt werden; Händler, die bisher mit »Luftgeschäften« ihren Unterhalt verdient hatten, sollten zu Arbeitern und Bauern werden, Gerechtigkeit und Gleichheit überall herrschen. Dieser Geist hat soziale Güter geschaffen, die der ganzen Welt imponierten: den Kibbuz, den Moschav, die Histadrut. Alles das ist in den Jahren der Okkupation verkümmert, hat sich kaum erhalten können. Statt dessen herrscht ein krasser, vulgärer Materialismus, verbunden mit nationalistischen Überheblichkeitsgefühlen. Leicht beschwipste Börsenspekulanten sitzen auf sogenannten »Nostalgieabenden« auf dem Fußboden und grölen die Pionierlieder ihrer Jugend. Das Gift der Besatzung hat alle Organe des israelischen Volkskörpers infiziert. Um noch einmal Professor Leibowitz zu zitieren: »Es handelt sich nicht darum, die besetzten Gebiete von Israel zu befreien, sondern darum, Israel von den besetzten Gebieten zu befreien.«

Zwischen dem Sechs-Tage-Krieg und dem Golfkrieg kann man kaum einen Vergleich ziehen. Aber dennoch waren sich die psychologischen Aspekte, was Israel betrifft, ähnlich. Wieder war die Bevölkerung von großer Angst erfaßt. Saddam Hussein hatte gedroht, im Kriegsfalle »halb Israel abzubrennen«. Nachrichten über mit Giftgas ausgerüstete Raketen fanden Glauben. Die israelische Armee war zwar ziemlich sicher, daß Saddam keine solchen Raketen im operativen Zustand besaß, aber da kein Offizier oder Politiker bereit war, die Garantie dafür zu übernehmen, wurden Gasmasken an die Bevölkerung verteilt. Sie wurde zudem aufgefordert, bei Raketenalarm nicht in die Luftschutzkeller zu laufen, sondern sich anstelle dessen in der Wohnung »hermetisch abgeschlossene« Zimmer – Räume mit verklebten Fenstern – einzurichten, um gegen Gasangriffe gewappnet zu sein. Da diese Zimmer natürlich keinen Schutz gegenüber »konventionellen« Scud-Raketen boten, war die Angst vieler, besonders der Mütter, noch größer. Verglichen mit diesem wochenlangen traumatischen Erlebnis waren die Kriegsschäden am Ende eher gering. Israel hat den Krieg nicht nur glänzend überstanden, seine Lage hat sich sogar auf allen Gebieten verbessert. Jedenfalls sieht es so aus.

Während des Krieges hörte man in Israel Empörung hervorrufende Geschichten darüber, daß Palästinenser angeblich nachts auf den Dächern getanzt hätten, als die Scud-Raketen auf israelische Städte fielen. Es ist schwer zu sagen, ob an diesen Geschichten überhaupt etwas Wahres dran ist, und wenn ja, wo und wie oft das geschehen sein mag. Aber wie immer in solchen kritischen Situationen: Diese Geschichten wurden geglaubt und sind zu einem Teil des Kriegsbildes geworden. Jedenfalls besteht kein Zweifel daran, daß sich die nach Rache sehnenden Palästinenser mit ehrlicher Schadenfreude die Zerstörung israelischer Häuser angesehen haben. Sie sahen darin eine Art Vergeltung für die Demolierung ihrer eigenen Häuser bei den Strafaktionen der Besatzungsbehörden.

In allen besetzten Gebieten herrschte während des gesamten Krieges eine totale Ausgangssperre. Beinahe zwei Millionen

Menschen befanden sich in »Hausarrest«, die Gebiete wurden zu einem gigantischen Gefängnislager, in dem sich nur Soldaten und Siedler frei bewegen konnten. Zwar fielen auch dort einige Scuds, die Palästinenser jedoch hatten keine Gasmasken. Das israelische Obergericht hatte der Armee zwar angeordnet, auch in diesen Gebieten Masken zu verteilen, aber es gab ganz einfach nicht genug. Die Behörden hatten zudem Angst, daß diese Gasmasken es den palästinensischen Demonstranten ermöglichen könnten, sich gegen Tränengas zu schützen.

Für ein paar Wochen war auf diese Art und Weise die Intifada weit entfernt, und die alte Illusion, daß das Palästina-Problem eines Tages einfach von selbst verschwinden würde, tauchte wieder auf. Zwar waren Bauindustrie und Landwirtschaft lahmgelegt, aber das bemerkte man zu diesem Zeitpunkt noch nicht so sehr.

Gegen Ende des Krieges bestand in Israel eine noch geringere Bereitschaft, das Nessos-Gewand abzustreifen als vorher. Wieder einmal hatte das Kriegstrauma, verquickt mit der Wut auf den bösartigen Feind und der Sympathie der Welt, eine gefährliche Mischung zustandegebracht.

Jitzchak Schamir genießt zur Zeit in Israel ein Ansehen wie kein Regierungschef seit der unseligen Golda Meir. Er wußte dies noch während des Krieges zu nutzen, als er Rechawam Se'ewi wie einen trojanischen Maulesel in sein Kabinett einziehen ließ. Se'ewi, ein ehemaliger General mit dem euphemistischen Spitznamen »Gandhi«, ist ein Politiker mit einer einzigen Parole: Transfer, das heißt Volksvertreibung – die »freiwillige« Deportation aller arabischen Einwohner der besetzten Gebiete, also von beinahe zwei Millionen Männern, Frauen und Kindern, aus Palästina. Um dies zu erreichen, hat dieser tatsächliche »Anti-Gandhi« eine neue Partei gegründet, die sich »Vaterlandspartei« nennt. Bei den letzten Wahlen erhielt sie zwei Prozent der Stimmen im Land und zwei der 120 Sitze in der Knesset. (Das israelische Wahlsystem entspricht mehr oder weniger dem Wahlsystem der Weimarer Republik.) Diese extremistische Partei, von ihren Gegnern als neofaschistisch beschimpft, ist jetzt Teil der Regierungskoalition, die das Schicksal Israels bestimmt. Zu ihr gehören außerdem zwei andere ultra-rechte Parteien – die »Wiedergeburtsbewegung« mit drei Sitzen und die »Knotenpunkt-Bewegung« eines ehemaligen Generalstabschefs mit zwei Sitzen. Für alle diese Parteien bedeutet »Ganz Eretz-Jisrael« das Minimum.

In dieser gespaltenen Atmosphäre kann man kaum erwarten, daß die israelische Regierung die logischen Folgerungen aus der Situation zieht: nämlich einen Frieden zu schließen, solange der Kurs der israelischen Aktien auf dem Weltmarkt so hoch steht, den Palästinensern einen Staat und den anderen Arabern einen ehrenhaften Frieden anzubieten, und zwar nicht unter Druck von außen, sondern in Form eines freiwilligen, souveränen Beschlusses eines starken Israel. Mit anderen Worten: endlich die Gelegenheit zu nutzen, die Israel 1967 so leichtfertig vertan hatte.

*

Eine Möglichkeit besteht allerdings, jedenfalls in der Theorie: die eines Separatfriedens mit Syrien, also eine Art Camp David II. Einiges spricht für eine solche Lösung, deren Vorbedingung jedoch die israelische Bereitschaft wäre, die Golanhöhen an Syrien zurückzugeben, so wie Begin die ganze Sinai-Halbinsel an Ägypten zurückgab. Beide Gebiete wurden von Israel im 1967er Krieg erobert. Rein ideologisch gesehen wäre das möglich. Für Schamir und seine Partei gehören die Golanhöhen (wie der Sinai) nicht zu Eretz-Jisrael, dessen Grenzen im Laufe der Geschichte nie feststanden. Wie die Grenzen anderer Länder auch haben sie sich ständig verändert.

In der Bibel verspricht Gott der Saat Abrahams ein großes Gebiet: »An dem Tage schloß der Herr einen Bund mit Abraham und sprach: Deinen Nachkommen will ich dies Land geben, von dem Strom Ägyptens an bis an den großen Strom Euphrat.« (Genesis 15,18). Gelehrte streiten sich heute über den »Strom Ägyptens«. Ist mit ihm wirklich der Nil gemeint oder aber ein kleiner Fluß bei El-Arisch im Nord-Sinai? Ein viel kleineres Gebiet wurde, laut der Bibel, von den zwölf Stämmen Israels besetzt. Das ist die Landkarte, die den meisten frommen Juden vor Augen steht. Danach besteht Eretz-Jisrael aus dem Gebiet zwischen Mittelmeer und Jordan sowie dem nördlichen Teil des heutigen Jordanien jenseits des Flusses. Das sind auch die Begriffe, die jeder Israeli in der Schule gelernt hat: »West-Eretz-Jisrael« ist das Land zwischen Meer und Jordan, »Ost-Eretz-Jisrael« ist Transjordanien. Das »Gelobte Land« ist aber, für orthodoxe Juden, nur das Land westlich des Jordans. Denn Moses wurde von Gott verurteilt, das Gelobte Land nur zu sehen, aber nicht zu betreten. Er starb, wieder laut der Bibel, nahe des Ostufers des Jordans, das somit also nicht zum Gelobten Land gehört. Für viele Gebote der jüdischen Religion ist das wichtig. In den Augen der Zionisten bestanden niemals klare Grenzen. Zionistische Programme haben sich immer der jeweiligen Möglichkeit angepaßt. Der Versailler Friedenskonferenz 1918 z. B. legte die zionistische Führung eine Karte vor, die das beanspruchte Land bis zum Litani-Fluß im Libanon ausdehnte.

Die Grenzen Palästinas wurden nach dem Ersten Weltkrieg im Konkurrenzkampf zwischen den zwei siegreichen Kolonialstaaten England und Frankreich gezogen. Das französische Syrien bekam die Golanhöhen, das englische Palästina Transjordanien. Kurz darauf beschloß jedoch Kolonialminister Winston Churchill, Transjordanien – also das heutige Jordanien – von Palästina abzutrennen, um einem treuen Wüstenfürsten, Abdallah, dem Großvater König Husseins, ein eigenes Land zu geben. Gegen diesen Beschluß lehnte sich der rechtsradikale Zionistenführer Wladimir Jabotinsky auf. Er verlangte eine »Revision« und gründete darum die »revisionistische« Bewegung – die Ur-Mutter der heutigen Likud-Partei von Begin und Schamir. Das offizielle Abzeichen der Partei war die Landkarte des ursprünglichen britischen Mandatsgebiets Palästina, auf beiden Seiten des Jordans – aber ohne die Golanhöhen. Es wurde auch zum Abzeichen der Irgun-Untergrundbewegung, deren Kommandant Begin war. Schamir war ein Mitglied dieser Organisation bis zu ihrer Spaltung und zur Gründung der noch extremeren Stern-Gruppe. Im Gegensatz dazu hat David Ben-Gurion nie eine klare Grenze vor Augen gehabt. Er weigerte sich auch, solch eine Grenze in der Unabhängigkeitserklärung Israels festzulegen. Für ihn, wie auch für die Arbeiterpartei generell, liegen die Grenzen dort, wo israelische Soldaten stehen und wo israelische Bauern den Boden bearbeiten. Das erlaubt unbegrenzte Expansion, aber auch eine elastische Politik. Man nimmt, was man nehmen kann, und man behält, was man behalten kann.

Für Schamir und Kollegen besteht also kein ideologisches Hindernis, was die Rückgabe der Golanhöhen anbelangt. Schamir – ein streng ideologischer Mensch – könnte beschließen, die Golanhöhen an Syrien zurückzugeben, um Syrien auf diese Weise aus dem Kampf um Palästina auszuschalten. Politisch dürfte dies allerdings äußerst schwierig sein, denn die Höhen stehen im Mittelpunkt eines nationalen Traumas: 1948 bis 1967 beschossen die Syrer von dort aus, während endloser, zum Teil auch von Israel provozierter Grenzzwischenfälle, die unter ihnen gelegenen Kibbuzim. Ein Beschluß, diese Höhen, selbst wenn sie demilitarisiert wären, zurückzugeben, würde sofort auf harten Widerstand in der Regierung und im Lande selbst stoßen. Begin hat vor kurzem, in einer seiner sehr selten gewordenen öffentlichen Erklärungen, daran erinnert, daß er Regierungschef war, als das »Golan-Gesetz«, das den Golan unter israelisches Recht und Gerichtsbarkeit stellte, verabschiedet wurde. Dennoch stellt es sicher eine große Versuchung für Schamir dar, zu einem Friedensvertrag dieser Art mit Syrien zu gelangen, um damit der militärischen Bedrohung von Damaskus ein Ende zu setzen und die Palästinenser endgültig zu isolieren.

Auch den Amerikanern wäre sehr daran gelegen, Syrien endgültig vom Sowjetlager in das eigene zu ziehen, womit der ganze Nahe Osten unter amerikanische Kontrolle gebracht werden könnte. Die Frage ist die, ob Hafes Al-Assad sich solch einen offenen Verrat an den Palästinensern leisten kann. Seine Riesenarmee wird von den Saudis finanziert, um die Israelis in Schach zu halten, und Syrien lebt davon. Assad möchte die Palästinenser gerne für seine Zwecke benutzen. Er haßt Arafat und die PLO-Führung, aber sieht sich gleichzeitig als Patron der palästinensischen Sache, dies um so mehr, als Palästina, innerhalb der arabischen Begriffswelt, einen Teil Syriens darstellt, genau so wie Libanon und Jordanien. Die Idee eines groß-syrischen Reiches stirbt in Damaskus nie ganz aus.

Assad besitzt seine palästinensischen Trabanten. Der Fatah-Abtrünnige Abu-Mussa und Achmed Jibril wie auch die prosyrische Sa'ika-Organisation stehen voll hinter ihm und würden wahrscheinlich solch ein Abkommen »im Namen des palästinensischen Volkes« auf seinen Befehl hin gutheißen. Aber das gesamte palästinensische Volk und auch die pro-syrischen, aber patriotischen palästinensischen Organisationen von George Habasch und Na'if-Hawatmeh würden sich mit Sicherheit wütend dagegen auflehnen. Assad muß sich also entschließen, ob ihm die Golanhöhen und das amerikanische Geld das wert sind, genauso wie Schamir sich entscheiden muß, ob er bereit ist, einem politischen Sturm in Israel zu trotzen.

Eines ist klar: Von allen Regierungen, die sich mit dem Frieden in dieser Region befassen, fremden wie nahöstlichen, ist die israelische die einzige, die genau weiß, was sie will, und besonders, was sie nicht will: Sie will keinen Frieden, der sie zwingen könnte, besetzte Gebiete in »Eretz-Jisrael« aufzugeben. Kann man trotzdem zu einem Frieden gelangen – gut. Wenn nicht – auch gut.

»Mit den Wölfen tanzen«

Aber wo ist die israelische Friedensbewegung?

Sie ist ein Opfer des Golfkrieges geworden. Schon am Anfang der Krise brach sie zusammen. Ihre Stimme war kaum von der der Ultra-Rechten zu unterscheiden. Auch sie rief zum Krieg auf; man hatte fast den Eindruck, daß sie froh war, sich endlich wieder inmitten des nationalen Konsenses zu befinden. Auf dem Höhepunkt der Krise veröffentlichte eine Gruppe hochangesehener Schriftsteller, darunter Amos Oz und A. B. Jehoschua, einen leidenschaftlichen, den Krieg bejahenden und die Anti-Kriegsdemonstrationen der deutschen Friedensbewegung verdammenden Aufruf. Als die Palästinenser sich auf die Seite Saddam Husseins stellten, schrieb Jossi Sarid, einer der profiliertesten Wortführer der Friedensbewegung, einen wütenden Artikel mit der Überschrift: »Jetzt könnt Ihr mich suchen!«. Ab jetzt, so schrieb er, stehe er nicht mehr für einen Dialog mit den Palästinensern zur Verfügung. In anderen Artikeln drückte er sich noch extremer aus und berief sich auf die angeblichen »Dachtänzereien« in den besetzten Gebieten. Nur eine winzige Minderheit blieb sich selbst treu und fuhr fort, gegen den Krieg zu protestieren. Bei Kriegsende war die Friedensbewegung so gut wie tot, von sich selbst erschlagen. Als bedeutender Faktor innerhalb der israelischen Politik existiert sie nicht mehr. Die öffentliche Meinung nahm sie nicht mehr ernst. Um zu verstehen, wie das passieren konnte, muß man einige Jahre zurückschauen.

In Wirklichkeit hat es in Israel nie eine »Friedensbewegung« im Sinne einer einzigen, großen Organisation gegeben. Der Ausdruck ist eine Fehlbezeichnung. Was mit diesem übergreifenden Begriff bezeichnet wurde, war in der Realität eine große Anzahl von Friedensgruppen verschiedener Art, große und kleine, gemäßigte und radikale. Diese diversen Gruppierungen lassen sich in zwei Lager teilen. Das kleinere besteht aus jenen Gruppen, die seit Jahren konsequent für eine Anerkennung der PLO als Verhandlungspartner Israels eintreten und die Errichtung eines Palästina-Staates neben Israel bejahen. Diese Gruppen nehmen an Konferenzen mit PLO-Vertretern teil, und einige ihrer Aktivisten haben sich mit Arafat und seinen Kollegen in der PLO-Führung getroffen. Aus diesem Milieu entstammt auch die Bewegung der jungen Soldaten, die den Kriegsdienst in den besetzten Gebieten verweigern und in Militärgefängnisse wandern. (Auch diejenigen, die sich mit PLO-Vertretern treffen, riskieren bis zu drei Jahre Gefängnis, seitdem ein neues Gesetz ein jedes solcher Treffen, ganz egal zu welchem Zweck es dient, zu einem Verbrechen erklärt hat.) Mangels einer besseren Definition kann man alle diese kleinen Gruppen als das radikale Friedenslager bezeichnen.

Der größere Teil der Friedenskräfte ist bei weitem gemäßigter, nicht nur, was die Tat sondern auch, was die Grundeinstellung betrifft. Bei jeder Gelegenheit wird die zionistische Gesinnungstreue betont, ist man stolz auf den hohen militärischen Rang einiger Führer (auch bei den Radikalen gibt es einen Generalmajor, Matti Peled) und darauf bedacht, den Kontakt mit dem nationalen Konsens nicht zu verlieren. Diesem Lager gehören die »Tauben« der Arbeiterpartei (etwa zehn Abgeordnete der Knesset) an, die drei kleineren Nebenparteien (die Bürgerrechtspartei mit fünf Sitzen in der Knesset, Mapam mit drei und die Veränderungspartei mit zwei Sitzen), die »Schalom Achschaw« (»Frieden jetzt«)-Bewegung und diverse Friedensinstitute. Dieses Lager war immer zweideutig hinsichtlich seiner Einstellung gegenüber der Legitimität der PLO und der Idee eines selbständigen Palästinenserstaates. Es hat sich immer geweigert, sich mit PLO-Vertretern zu treffen und verwirft die Kriegsdienstverweigerung aus prinzipiellen Gründen. Dieser Zweig der Friedensbewegung tritt aber generell für »Frieden gegen Land« und »territorialen Kompromiß« ein, protestiert gegen Übergriffe in den besetzten Gebieten und hat sich im Laufe der letzten Jahre den PLO-treuen Persönlichkeiten in diesen Gebieten angenähert. Genau die hatte Sarid gemeint, als er empört schrieb: »Ihr könnt mich suchen!«

Beide Lager werden in Israel als extrem links bezeichnet. Das gehört zu den Eigentümlichkeiten Israels, die das Land für Europäer so unverständlich machen. Aufgrund ihrer zentralen Stellung im Leben des Landes überschatten die Friedensprobleme alle anderen. »Links« und »rechts«, das bezieht sich in Israel ausschließlich auf die Einstellung gegenüber den Problemen der besetzten Gebiete, gegenüber Frieden und Groß-Israel. Ultra-Rechte können – wenn auch in seltenen Fällen – sozial progressiv sein, extrem Linke dagegen manchmal auf dem sozialen Gebiet rechts-liberal oder konservativ. Das stört niemanden. Beide Seiten beschimpfen einander als »Faschisten« und »Araberliebhaber«, »Nazis« und »PLO-Agenten«.

Die in der Welt bekannteste Gruppe ist sicher die »Frieden jetzt«-Bewegung, besser bekannt unter dem Namen »Peace now«. (Nicht ganz zu Unrecht, denn der Name ist der amerikanischen Bewegung gegen den Vietnam-Krieg entlehnt.) Sie steht beispielhaft für alle Stärken und Schwächen der Friedensbewegung in Israel.

»Schalom Achschaw« entstand beinahe zufällig im Frühjahr 1978. Wie viele Friedensinitiativen in Israel begann auch sie mit einem offenen Brief junger Offiziere. (Friedensaktivisten müssen immer Angst haben, als »sicherheitsfeindlich« gebrandmarkt zu werden. Offiziere, die automatisch als »sicherheitstreu« angesehen werden, haben es leichter, Kritik zu üben.) Nach dem dramatischen Jerusalemflug Sadats brachte Begins Hartnäckigkeit den Friedensprozeß ins Stocken. Dagegen protestierten die jungen Offiziere. Scheinbar geschah das genau im richtigen Augenblick und in der richtigen Sprache, denn auf den Brief der Offiziere hin entstand eine Bewegung, die Massendemonstrationen hervorrief und half, den Weg nach Camp David zu ebnen. Im Gegensatz zu den Palästinensern, die sich durch Camp David verraten fühlten, bejahten praktisch alle israelischen Friedenskräfte den Friedensvertrag, weil es sich um den ersten Frieden mit einem arabischen Staat handelte. Sie hofften – irrtümlicherweise, wie sich bald herausstellen sollte –, daß die Rückgabe von ganz Sinai als Preis für den Frieden ein Vorbild für den künftigen Frieden mit den Palästinensern abgeben würde.

Im Zusammenhang mit den »Schalom Achschaw«-Demonstrationen für den Frieden mit Ägypten entwickelte sich ein stillschweigendes Abkommen zwischen allen Friedenskräften: Unter dem Schirm dieser Bewegung können Anhänger aller Gruppen, von den gemäßigten bis hin zu den radikalen, gemeinsam demonstrieren. Die Parolen bleiben eher gemäßigt und vielleicht sogar etwas verwässert, um der Masse der Durchschnittsbürger das Mitmachen zu erleichtern. Den radikaleren Elementen steht es frei, kleinere Demonstrationen mit eindeutigeren Parolen im Anschluß zu veranstalten. Im Gegensatz zu dem Eindruck, der entstanden ist, hat Schalom Achschaw kaum richtige Mitglieder, sondern besteht nur aus einem kleinen Kern von ein paar Dutzend Aktivisten, die eigentlich von niemandem gewählt, teilweise seit dreizehn Jahren in der Bewegung mitarbeiten. Je nachdem kommen zu ihren Demonstrationen Zehntausende oder aber nur ein paar hundert Anhänger. Das hängt immer auch davon ab, inwieweit eine bestimmte Aktion von Links-Zentrum-Parteien und den Kibbuz-Organisationen unterstützt wird.

Nach dem ägyptischen Frieden erfuhr die Friedensbewegung ihre nächste Probe im Libanonkrieg, nach dessen Ausbruch die radikalen Gruppen sofort eingriffen. Bereits am Ende der dritten Kriegswoche fand in Tel-Aviv eine große Demonstration gegen den Krieg statt – etwas, was bis dahin in Israel undenkbar gewesen war. Das überzeugte auch die »Schalom Achschaw«-Bewegung, und am Ende der vierten Kriegswoche kam eine noch viel größere Anti-Kriegs-Demonstration zustande. Es war eine typische politische Kettenreaktion.

Die Volksstimmung gegen den Krieg, auch in der Armee, wurde immer stärker. Zum ersten Mal verweigerten Soldaten den Dienst im Krieg. Der Höhepunkt des Protests – und der »Schalom Achschaw«-Bewegung als solcher – war nach dem

Massaker in den Flüchtlingslagern bei Beirut, Sabra und Schatila erreicht. Es löste einen explosionsartigen Ausbruch der moralischen Empörung in Israel aus, der sich besonders gegen den Verteidigungsminister Ariel Scharon richtete. Dieser wurde verdächtigt, seinen Freunden, den mörderischen maronitischen Falangisten, den Weg in die Lager freigegeben zu haben.

Nach dem Bekanntwerden der Massaker fand im Zentrum Tel-Avivs eine gigantische Massendemonstration statt. Man sprach von 400 000 Teilnehmern, was bedeutete, daß ein Viertel aller damaligen erwachsenen jüdischen Einwohner Israels an dieser Demonstration teilgenommen hat. Das war sicher ein wenig übertrieben, dennoch handelte es sich um eine Riesenveranstaltung. Begin war gezwungen, gegen seinen Willen eine Untersuchungskommission einzusetzen. Sie befand Scharon und einige Spitzenoffiziere der »indirekten Verantwortung« für das Massaker für schuldig und beschloß, sie ihrer Posten zu entheben.

Das war ein großer Erfolg, der allerdings auch seinen Preis gekostet hatte. Um solch eine riesige Demonstration auf die Beine stellen zu können, hatte »Schalom Achschaw« mit der Arbeiterpartei zusammengearbeitet, deren Bedingung jedoch war, daß ihre Führer Schimon Peres und Jitzchak Rabin auf der Kundgebung die Hauptreden hielten. Das erschien wie ein Verrat an der Sache, denn die beiden hatten den Krieg nicht nur begrüßt, sondern auch Tage vorher die Invasion gefordert.

Seitdem ist der Elan der Bewegung irgendwie erloschen. Nie wieder fand eine so große Demonstration statt, und nach diesem weltweit aufsehenerregenden Erfolg bekamen die Aktivisten Angst, unpopuläre Positionen zu beziehen, die eventuell viel kleinere Kundgebungen zur Folge gehabt hätten.

Die Protestbewegung gegen den Libanonkrieg, an der sich alle Friedensgruppen in Israel beteiligten, jede auf ihre Art, ist als erfolgreich zu bezeichnen. Nach vielen Monaten, in denen die schiitischen Widerstandsgruppen im Libanon die israelischen Besatzungstruppen drangsalierten, hatte die öffentliche Meinung in Israel den Krieg satt. Die Armee wurde aus dem

Libanon (bis auf einen »Sicherheitsstreifen« entlang der Grenze) zurückgezogen. Der doppelte Druck, von innen und von außen, bewirkte erstmalig einen militärischen Rückzug. Aber alles in allem hatte es sich nur um eine Art Generalprobe gehandelt. Die eigentliche Auseinandersetzung stand noch bevor.

*

Auf einer der »Schalom Achschaw«-Demonstrationen gegen den Libanonkrieg ereignete sich ein ärgerlicher Zwischenfall. Ein Demonstrant hatte ein handgemaltes kleines Schild mitgebracht, auf dem die gekreuzten Fahnen Israels und Palästinas prangten. Die palästinensische Nationalfahne ist in Israel verboten. Die Behörden haben sie offiziell als »PLO-Fahne« bezeichnet, obwohl diese schwarz-weiß-grüne Fahne mit dem roten Dreieck schon auf Fotografien des Jahres 1918, also 45 Jahre vor der Gründung der PLO, zu sehen ist. Da die PLO nach dem israelischen »Gesetz zur Terrorbekämpfung« eine »Terrororganisation« ist, gilt das Zeigen der palästinensischen Nationalfahne als Verbrechen.

Aber ist es auch ein Verbrechen, diese Fahne zu zeigen, wenn sie mit der israelischen Staatsflagge gekreuzt ist? Mit dieser Frage hat sich schon der Staatsanwalt beschäftigt, seitdem der »Israelische Rat für den israelisch-palästinensischen Frieden« die gekreuzten Fahnen zu seinem Abzeichen gewählt hat.

Die Führer der »Schalom Achschaw«-Bewegung empfanden das Zwei-Fahnen-Schild auf ihrer Kundgebung als Skandal und distanzierten sich wütend davon. Anhänger reagierten darauf mit der sarkastischen Frage: »Kinder, wenn ihr die palästinensische Fahne nicht zulaßt, mit wem wollt ihr denn eigentlich Frieden machen? Mit den Holländern?« (Holländer, das muß man wissen, sind in Israel wegen ihres Verhaltens während des Holocausts besonders beliebt.)

Dieser kleine Zwischenfall gab nur die Einleitung zu dem ab, was noch bevorstand. Nach Ägypten und dem Libanon war nun Palästina selbst an der Reihe. Als die Intifada am 9. Dezember 1987 ausbrach, standen alle Friedensgruppen in Israel vor einer historischen Herausforderung.

*

Für einen anständigen Israeli war es ein leichtes, sich für den Frieden mit Ägypten auszusprechen. Zwar mußte man ein großes Gebiet zurückgeben, in das man sich inzwischen »verliebt« hatte, aber es bedurfte immerhin keiner inneren Revolution (obwohl Leute wie Jitzchak Schamir und Moshe Arens sich auch gegen diesen Frieden auflehnten). Es war auch ein leichtes, gegen den Krieg im Libanon zu sein, denn dabei handelte es sich ja um die Invasion eines Nachbarlandes. Die Intifada dagegen ist eine ganz andere Sache. Diesmal geht es um Palästina – Eretz-Jisrael. Das bringt ganz andere Emotionen an die Oberfläche, Gefühle, die tief im nationalen Unterbewußtsein schlummern.

Wörtlich übersetzt heißt Intifada »Abschüttelung«, meint also die Abschüttelung der israelischen Besatzung durch die Palästinenser in den besetzten Gebieten. Aber dieser Aufstand bedeutet bei weitem mehr als nur die Selbstbefreiung eines unterdrückten Volkes, wie sie in vielen anderen Ländern, von Marokko bis Malaysia, in diesem Jahrhundert bereits stattgefunden hat. Denn die Eroberung der West Bank und des Gazastreifens durch Israel im Jahre 1967 stellte nur ein kleines Kapitel innerhalb eines hundertjährigen Krieges dar, der ganz Palästina angeht und sich weit über dessen Grenzen hinaus auswirkt. Es ist auch kein »gewöhnlicher« Krieg, wie etwa der zwischen Deutschland und Frankreich um das Elsaß. Es geht eben nicht wie in jenem Fall lediglich um ein umstrittenes Gebiet zwischen zwei bestehenden Staaten, deren jeweiliges Existenzrecht nicht bestritten wird. Der Kampf, der heutzutage zwischen Israel und den Palästinensern ausgetragen wird, hat einen einmaligen, vielleicht sogar beispiellosen Hintergrund in der modernen Geschichte.

Es war – und ist auch heute noch – ein zionistischer Glaubensartikel, daß Palästina gegen Ende des letzten Jahrhunderts ein leeres Land war, also »ein Land ohne Volk für ein Volk ohne Land«. Erst nach und nach entdeckte man, daß sich in diesem Land nicht nur die Gräber der Väter, sondern auch eine halbe Million lebendiger Menschen befanden. Das hat die Zionisten aber nicht davon abgehalten, dieses Land aufgrund »historischer Rechte« für die Lösung der Judenfrage in Anspruch zu nehmen. Dabei konnten sie weder die Rechte des einheimischen Volkes noch auch nur seine Existenz anerkennen. Golda Meir hat noch vor zwanzig Jahren bestritten, daß es ein palästinensisches Volk überhaupt gibt. Um diese Behauptung aufrechterhalten zu können, werden in Israel oft wahre intellektuelle Verrenkungen vollführt. Es gibt z. B. äußerst dumme Bücher, die »beweisen«, daß die Palästinenser erst nach der zionistischen Einwanderung ins Land gekommen sind. (Mir selbst hat man einmal in der Knesset vorgeworfen, daß »Uri Avnery und der Mufti das palästinensische Volk erfunden haben«. Mit »Mufti« war der Groß-Mufti von Jerusalem, Hadschi Amin Al-Husseini, gemeint, ein palästinensischer Führer, der in den dreißiger Jahren der Hauptfeind der jüdischen Besiedlung war und später mit den Nazis paktierte.)

Diese prinzipielle Nicht-Anerkennung besitzt ihre Parallele auf der anderen Seite. Es ist für einen Palästinenser (und überhaupt für einen Araber) beinahe unmöglich, das Existenzrecht Israels oder die Existenz einer jüdischen bzw. israelischen Nation anzuerkennen. In den Augen der Araber stellen die Juden nichts anderes als eine Religionsgemeinschaft dar, und die Zionisten stehen für ein Gesindel von Abenteurern, die von den Imperialisten im Lande installiert wurden, um Palästina den Arabern wegzunehmen. Man könnte glauben, daß diese primitiven Einstellungen mittlerweile überwunden sein sollten. Eine Menge israelischer und palästinensischer Erklärungen, die die Gegenseite offiziell anerkennen, existiert ja zumindest schon, aber das alles betrifft nur die Oberfläche der Geschehnisse. In der Tiefe des nationalen Unbewußten beider Seiten rumoren und wüten Gefühle, die noch bei weitem nicht überwunden sind. Typisch dafür ist eine Geste Menachem Begins. Er unterschrieb das Camp David-Abkommen, in dem »The Palestinian People« (»das palästinensische Volk«) erwähnt wird, um diesem Abkommen sofort anschließend einen Brief hinzuzufügen, in dem er erklärte, daß damit »die Araber Eretz-Jisraels« gemeint seien.

Palästina – das Land, über das Herzl und viele andere Zionistenführer geschrieben haben – findet in keinem offiziellen Dokument Erwähnung. Auch die West Bank und der Gazastreifen dürfen im israelischen Fernsehen und im Rundfunk nicht erwähnt werden, sondern nur »Judäa, Samaria und der Gaza-Distrikt«. Alle Bücher über die Nationalgeschichte des palästinensischen Volkes sind in den besetzten Gebieten verboten, ebenso wie die Nationalfahne. Bei Zuwiderhandlungen droht eine Gefängnisstrafe von drei Jahren. Viel schlimmer aber ist noch, daß diese Auffassung in allen israelischen Schulen als selbstverständlich gilt. Israelische Schüler lernen praktisch nichts über die Geschichte des Landes während der siebzehn Jahrhunderte, ausgehend von dem Zusammenbruch des letzten jüdischen Aufstandes gegen Rom im Jahre 135 bis zur Einwanderung der vorzionistischen Bilu-Gruppe 1882, es sei denn, daß es sich um die kümmerlichen Überbleibsel der jüdischen Bevölkerung im Lande handelt. Ein israelischer Abiturient hat nicht die geringste Ahnung von der Geschichte und von den Rechten der Palästinenser, ebensowenig wie ein Abiturient in der arabischen Welt die geringste Ahnung von der Geschichte der Juden, dem Holocaust und dem Zionismus hat. (Zu den Ausnahmen zählen die arabischen Schüler im Staatsgebiet Israels, die zwar jüdische Geschichte und Literatur lernen, aber keinesfalls die Geschichte ihres eigenen, palästinensischen Volkes.) Für einen jungen Israeli, der mit 18 Jahren in die Armee kommt, steht alles fest: Die Juden besitzen ein absolutes und exklusives Anrecht auf ganz Eretz-Jisrael, die Araber (und eigentlich alle »Gojim«, Nichtjuden) sind Antisemiten, die nichts anderes im Kopf haben, als Juden umzubringen. Die

Araber wollen die Juden ins Meer werfen. Israel dagegen ist ein friedliebender Staat, der den Arabern immer seine Hände zum Frieden entgegengestreckt hat, um dafür von den Arabern immer wieder das Messer in den Rücken gestoßen zu bekommen. In dieser Beziehung existiert kein Unterschied zwischen einem israelischen Friedensaktivisten und einem israelischen Neofaschisten – beide haben sie in der Schule dasselbe Welt- und Feindbild geliefert bekommen. Es liegt in der menschlichen Natur begründet, daß nach der Formierung eines solchen Bildes alle bestätigenden Erlebnisse und Eindrücke akzeptiert und verarbeitet werden, während alle gegenteiligen Erfahrungen ganz einfach verdrängt und ignoriert werden.

*

Ein Vergleich mit Amerika liegt nahe. 1991 wurde der Oscar, die Auszeichnung der amerikanischen Filmindustrie, einem Film verliehen, der angeblich eine neue Einstellung gegenüber den Indianern propagiert. »Mit den Wölfen tanzen« (in Deutschland unter dem Titel »Der mit dem Wolf tanzt«) zeigt, daß die Indianer nicht nur recht hatten, sondern zudem auch ein nettes und sympathisches Volk waren. Bis dahin gab es nur eine winzige Anzahl von Filmen, die es wagten, die Indianer in diesem Licht zu zeigen und entsprechend die US-Kavallerie als ein Instrument des Völkermords darzustellen. Dieser prämierte Film ist mehr als zweihundert Jahre nach der Gründung der USA und mehr als hundert Jahre nach Beendigung der »Indianerkriege« entstanden. So lange brauchte es, bis die weißen Amerikaner ihrer Vergangenheit offen ins Auge sehen konnten. Daß der »amerikanische Traum« auf der Ausrottung eines Volkes und seiner Kultur beruht – dieses Eingeständnis war einfach zu schmerzlich. Die Bewältigung dieser Vergangenheit steckt auch jetzt noch in ihren Anfängen. Sicher wäre die Situation noch bei weitem schwieriger, wenn die Geschichte der Vereinigten Staaten anders verlaufen wäre, als sie es ist. Zum Beispiel: wenn die weltpolitischen Gegebenheiten die Ausdehnung der USA über die ursprünglichen dreizehn Staaten hinaus verhindert hätten, wenn der ganze sonstige Kontinent in den Händen einer wiederbelebten indianischen Nation geblieben wäre, wenn die wesentlich kleineren USA mit zwanzig indianischen Staaten im Krieg stünden. Dann könnte man es eventuell in irgendeiner Form mit Israel vergleichen. (Vielleicht läßt sich daraus auch die instinktive Sympathie der USA mit Israel ableiten.)

Es fällt sehr schwer, in Israel »mit den Wölfen zu tanzen«. Denn jede wirkliche Auseinandersetzung mit den Palästinensern würde Fragen aufwerfen, die viel zu schmerzlich sind: War der Zionismus nur eine Befreiungsbewegung? Haben die Judennot und der Holocaust uns blind für die Leiden anderer Völker gemacht? Ist unser Recht auf Eretz-Jisrael absolut und exklusiv? Sind die Palästinenser nur allein an ihrem Unglück schuld? Wie ist das palästinensische Flüchtlingsproblem wirklich entstanden? Hat Israel tatsächlich immer Frieden gewollt, und ist es von den Arabern in der Tat immer zurückgewiesen worden? Hat die Intifada im Grunde nicht auch Recht?

Sobald sich eine Diskussion solchen Fragen nähert, ist es, als wenn der Zahnarzt einem kranken Nerv zu nahe kommt. Es tut weh, man zuckt zurück, man geht der Diskussion aus dem Wege. Am liebsten befaßt man sich überhaupt nicht mit dem Problem. Wer dieses Thema aufbringt, wird instinktiv als Volksfeind – als »Verderber Israels« – gehaßt.

Natürlich gibt es einen psychologischen Ausweg, in Amerika wie in Israel: Man kann sagen, daß alles heute schon Geschichte ist, daß jetzt eine neue, im Lande geborene Nation entstanden ist, daß man gestriges Unrecht – falls es ein Unrecht war – nicht mit neuem Unrecht aus der Welt schaffen darf. Man kann nur versuchen, neues Recht zu schaffen. Aber solch eine versöhnliche Einstellung auf beiden Seiten bedarf zunächst einmal der Lösung brennender Probleme.

*

Lange vor dem Golfkrieg hat die israelische Friedensbewegung der Intifada gegenüber versagt. Sie ist moralisch zusammengebrochen. Am Anfang gab es noch Demonstrationen. Es kamen zwar keine Massen, keine Hunderttausende, wie nach Sabra und Schatila, aber Kundgebungen fanden immerhin statt. Bei einer besonders eindrucksvollen, die auf dem Rathausplatz in Tel-Aviv (»Platz der Könige Israels«) stattfand, traten beinahe alle berühmten Pop-Sänger Israels auf. Eine Gruppe junger arabischer Sängerinnen sang die palästinensische Nationalhymne (»Mein Land, mein Land«). Auch die »Schalom Achschaw«-Bewegung brachte es zu einer, wenn auch etwas anämischen Demonstration.

Aber damit war es bald vorbei. Je härter der Kampf wurde, desto stummer wurde die Friedensbewegung. Die Zahl der palästinensischen Todesopfer hat sich tausend genähert, Zehntausende wurden verhaftet und verwundet, einige der schlimmsten Übergriffe vor Gericht aufgedeckt, palästinensische Universitäten jahrelang geschlossen, Zeitungen verboten, Aktivisten deportiert, Häuser demoliert, Städte und Dörfer wochenlang unter Ausgangsverbot gestellt, »mäßiger körperlicher Druck« auf verdächtige Personen offiziell genehmigt, Hunderttausende an die Schwelle der Hungersnot gebracht – und die Friedenskräfte in Israel haben kaum, wenn überhaupt, protestiert, auch als sich die Intifada jahrelang auf Steinewerfen beschränkte.

Ausnahmen waren einige kleine Gruppen des radikalen Flügels, die zum Teil hervorragende und äußerst mutige Aktionen unternommen haben. Gute Beispiele dafür sind die Kriegsdienstverweigerer (»Es gibt eine Grenze«); die »Frauen in Schwarz«, die wöchentlich demonstrieren und sich damit üblen männlichen Anpöbeleien aussetzen; eine Gruppe von Ärzten, die Araber in den besetzten Gebieten betreuen; die Dokumentationszentrale »Bezelem« (»im Antlitz Gottes«); die Gesellschaft für Menschenrechte; die »Rabbiner für Frieden« und andere israelische Gruppen. Aber alles in allem sind in diesen Organisationen nur einige tausend Menschen aktiv.

Für viele Friedensgruppen erschien der Golfkrieg daher wie eine Art Erlösung. Die palästinensische Unterstützung für den »bösen« Saddam Hussein bot einen guten Grund – oder ein willkommenes Alibi –, um die Scheidung von den Palästinensern anzukündigen (»Sie können mich jetzt suchen!«). Bei anderen wiederum hat sie ehrliche Gewissensqualen hervorgerufen und naive Vorstellungen von israelisch-palästinensischer Verbrüderung zerbrochen.

Auf die Palästinenser hat diese Haltung der israelischen Friedensbewegung einen verheerenden Einfluß gehabt. Sie fühlten sich von ihr verraten. Die Überzeugung, daß im Grunde doch »alle Zionisten sich gleich sind« – genau wie es auf israelischer Seite gang und gäbe ist zu sagen, daß »alle Araber gleich sind« – verstärkte sich noch. Die Verzweiflung und Frustration der Palästinenser hat noch zugenommen, und viele unter ihnen sind überzeugt, daß es ohne extreme Gewaltakte nicht mehr weitergeht.

*

Seit Bestehen der Intifada haben israelische Politiker immer wieder versprochen, daß diese Bewegung dem Ende zugeht, daß die Palästinenser es satt haben, daß der Widerstand endgültig gebrochen ist. Alle Militärs haben privat (und einige auch manchmal öffentlich) vor solchen Illusionen gewarnt. Aber die Generäle wurden von den Verteidigungsministern, erst von Rabin und dann von Arens, gewarnt, öffentlich zu wiederholen, daß man die Intifada nur mit Hilfe einer politischen Lösung beenden könne. Am Ende des Golfkrieges kamen alle diese Illusionen wieder hoch. Das offizielle Israel versprach abermals: Die PLO ist erledigt, die Palästinenser von der Tagesordnung gestrichen, die Intifada an ihrem Ende.

Das Gegenteil trat ein. Der Teufelskreis von Gewalt und Vergeltung vergrößerte sich nur noch mehr. Die PLO erneuerte zwar ihre Bemühungen hinsichtlich eines gemäßigten politischen Kurses, um die für sie schädliche Golfkrise zu überwinden, aber in den besetzten Gebieten und in Israel selbst stachen beinahe täglich wütende, auf Rache sinnende Palästinenser mit Küchenmessern auf israelische Männer und Frauen, Soldaten und Zivilisten ein. Nirgends war man sich noch sicher. Israelis reagieren mit gleicher Wut, erneut überzeugt, daß alle Araber im Grunde genommen blutrünstige, antisemitische Mörder sind.

Dieser tödliche Kreislauf läßt sich nur durchbrechen, indem man seine historischen Wurzeln offenlegt. Man muß der israelischen Öffentlichkeit sagen, daß auch diese Messerstechereien und Schüsse aus dem Hinterhalt zu einem lang andauernden Krieg gehören, der mit dem Zusammenprall zweier großer historischer Bewegungen begonnen hat, einem Krieg nicht zwischen Recht und Unrecht, good guys und bad guys, sondern zwischen zwei Völkern, die zu einem Kompromiß gelangen müssen. Aber das wagen auch die meisten Friedensgruppen in Israel nicht zu sagen, zumal dann, wenn Blut auf den Straßen fließt.

Wut und Angst, die sich auf beiden Seiten immer mehr ausbreiten, erzeugen ein Klima der Gewalt, das die meisten Friedensgruppen in Israel lahmlegt. Sie sind zwar nicht tot, aber mit den Wölfen tanzen können sie nicht.

Die Kluft

»Stoppt die Welt, ich will aussteigen!« – so lautete ein Titel eines Schauspiels vor einigen Jahren. Genauso könnte man auch ein Kapitel in der Geschichte Israels überschreiben.

Nach Beendigung des Kalten Krieges sah es fast so aus, als ob sich beinahe die ganze Welt auf dem Weg hin zu einer Liberalisierung, zu einem Selbstbestimmungsrecht der Völker, zur friedlichen Lösung der Probleme befände. In Osteuropa brachen die Tyranneien zusammen, die Sowjetunion zog ihre Truppen aus anderen Ländern ab, sogar Südafrika schien auf dem Weg zu einem Kompromiß. Die israelischen Medien meldeten dies alles erfreut, aber so, als ob diese Entwicklungen auf einem anderen Planeten geschähen. In Israel selbst lief »business as usual«: Alles geht weiter wie bisher.

Ein paar Monate vor Ausbruch der Golfkrise zerbrach in Israel die große Koalition zwischen Arbeiterpartei und Likud, und eine rein rechtsradikale Regierung kam an die Macht. Während der Krise wurde diese Regierung durch die »Adoptierung« der extremsten Partei noch rechtsradikaler. Zwischen ihr und der rechten Wand ist kaum noch Platz für ein Blatt Papier. Angesichts dieser politischen Konstellation liegt die Frage nahe: Wo ist eigentlich die Arbeiterpartei? Wo war sie während der ganzen Golfkrise, und wo war sie seit Beginn der Intifada? – Das ist eines der politischen Rätsel Israels.

*

Noch vor zwanzig Jahren standen die Arbeiterpartei und die israelische Regierung praktisch für ein und dasselbe. Schon 1933 übernahm diese Partei (damals Mapai, »die Partei der Arbeiter Eretz-Jisraels«, genannt) die Führung der zionistischen Organisation, also der Regierung des »Staates auf dem Weg«. Seitdem blieb sie ununterbrochen an der Macht und übernahm

1948 automatisch die Regierung des neuen Staates Israel. David Ben-Gurion, Moshe Scharett, Levi Eschkol, Golda Meir, Jitzchak Rabin regierten den Staat ohne Unterbrechung bis 1977 im Namen dieser Partei. Dann passierte das schier Unglaubliche: Menachem Begin, lange Zeit geächtet und von Ben-Gurion als »Schüler Hitlers« bezeichnet, kam mit seiner Likud-Partei an die Macht. Anfangs wirkte dieser »Umschwung« wie ein Zufall, ein Betriebsunfall, nur eine Folge des falsch begonnenen Jom-Kippur-Krieges und einer Reihe von üblen Korruptionsskandalen.

Seitdem sind die Jahre ins Land gegangen, und der Likud ist an der Macht geblieben, die Arbeiterpartei dagegen ist immer mehr verkümmert. Am Ende des Golfkrieges besaß sie nicht im entferntesten eine Chance, erneut in Regierungsfunktion zu gelangen. Schamir und seine Partei waren stärker denn je. Auch die konsequentesten Gegner des Likud (Likud heißt Zusammenschluß) mußten inzwischen einsehen, daß das Wahlergebnis von 1977 kein Unfall war, sondern daß sich seitdem etwas Grundlegendes in Israel verändert hat.

*

Israel ist eine neue und noch ungeformte Nation, die aus vielen unterschiedlichen Elementen zusammengesetzt ist – stärker als sozusagen organisch zusammengewachsene Nationen wie beispielsweise die britische oder die japanische. Die inneren Spaltungen sind zahlreich und groß, obwohl Israel von außen gesehen oftmals wie ein Monolith wirkt. Die offensichtlichste dieser Spaltungen ist ethnisch begründet. Mehr als die Hälfte aller Juden in Israel stammt aus islamischen Ländern. Die »orientalischen« Juden sehen anders aus als ihre aus Europa stammenden »aschkenasischen« Brüder, sprechen mit einem anderen Akzent, haben einen anderen kulturellen Hintergrund und auch eine andere Mentalität. Die Aschkenasim sehen aus wie ihre ehemaligen europäischen Nachbarn und benehmen sich auch meistens so.

Ebenso offensichtlich ist die Kluft zwischen religiösen und weltlichen Juden, die allerdings keinerlei Ähnlichkeit mit der historischen Spaltung zwischen Guelfen und Ghibellinen, das heißt zwischen den Parteien des Papstes einerseits und des Kaisers anderseits in Europa aufweist. Zwischen der Religion im abendländischen Sinn und den Religionen der Semiten, ob nun Muslims oder Juden, besteht nämlich ein fundamentaler Unterschied.

In Israel gibt es keine Trennung zwischen Religion und Staat, Religion und Nation. Zivilehe und Scheidung existieren nicht, Juden können keine Christinnen heiraten, was auch umgekehrt gilt. Die große Mehrheit der Israelis ist zwar nichtreligiös, und zum Teil auch sogar rabiat anti-religiös, aber die Religion beherrscht dennoch viele Aspekte des israelischen Lebens, sei es, weil die straff organisierte religiöse Minderheit (religiöse Parteien erhalten etwa 15 Prozent der Stimmen bei Knesset-Wahlen) ihre Position als »Zünglein an der Waage« voll auszunutzen weiß, sei es, daß vielen weltlichen Juden ein gewisses Sentiment für die jüdische Tradition zueigen ist. Die einzige gesetzlich anerkannte Definition der Juden beruht auf religiösen Gesichtspunkten, und das ist wichtig, weil das israelische Gesetz »Juden« gewisse Privilegien einräumt, besonders was Einwanderung und Einbürgerung betrifft. Die Frage, wer sich als Jude bezeichnen darf, erregt Israel schon seit Jahrzehnten und hat ganze Regierungen zu Fall gebracht.

In Israel besteht natürlich auch die »normale« Kluft zwischen Reich und Arm, und sie wird immer größer, obwohl es im Land aufgrund seiner kurzen Geschichte keine richtigen »Klassen« gibt. In einer Einwanderungsnation kommt natürlich auch der Spaltung zwischen Alt-Etablierten, vor 1948 Eingewanderten, und den späteren Einwanderern der fünfziger Jahre eine gewisse Bedeutung zu. Hinzu kommt heutzutage noch die Kluft zwischen diesen Einwanderern und den jüngsten Immigranten aus der Sowjetunion.

All diese extremen Klüfte beschränken sich auf die jüdische Seite. Darüber hinaus besteht der große Abgrund zwischen der jüdischen Mehrheit und der arabischen (palästinensischen) Minderheit, die ungefähr 18 Prozent der Bevölkerung im israelischen Staatsgebiet, also ohne die besetzten Gebiete, ausmacht.

Alle diese Spaltungen wären an sich nicht sonderlich gefährlich, denn alle menschlichen Gesellschaften sind in vielfacher Weise gespalten. Pluralismus gehört zu den Tugenden des modernen demokratischen Staates. Jede Gesellschaft besteht aus Männern und Frauen, Reichen und Armen. Natur, Kultur und soziale Verhältnisse schaffen Unterschiede. Das besondere Problem Israels besteht darin, daß alle diese Spaltungen sich in einer einzigen vereinigen, sich in diesem Fall beinahe deckungsgleich verhalten.

*

Vor Gründung des Staates Israel im Jahre 1948 kam die Masse der Einwanderer aus Europa. Aus diesem Grund sind die altetablierten Familien meist Aschkenasim, die heutzutage auch besser gebildet und wirtschaftlich gesehen besser situiert sind. In ihrer großen Mehrheit sind sie weltlich orientiert und unreligiös. Die Arbeiterpartei repräsentiert diese Schicht. Ihre lange Herrschaft hat dazu geführt, daß sie in allen Aspekten der israelischen Wirtschaft und Gesellschaft tonangebend wurde und so auch das »Establishment« bildete, das nahezu exklusiv aschkenasisch zu nennen ist.

Die Masse der Einwanderer aus den arabischen Ländern, vom Irak bis Marokko, seit 1948 fand in Israel dieses Establishment vor. Einwanderung war, wie so häufig, mit Deklassierung und Verarmung verbunden. Die »orientalischen« Einwanderer (nicht ganz richtig als »sephardisch«, also aus Spanien stammend, bezeichnet) glauben, daß die damalige aschkenasische Führung der Arbeiterpartei an allen ihren Geburtswehen schuld trägt. Auch sind sie in den meisten Fällen religiös oder wenigstens »traditionstreu«, obwohl sie sich innerhalb ihrer religiösen Einstellung gewöhnlich toleranter verhalten als orthodoxe Aschkenasim. Die orientalische Hälfte der jüdischen Gesellschaft in Israel bildete den Großteil der Wählerschaft der Likud-Partei. Sie ist ihr durch dick und dünn treu geblieben, wofür es verschiedene Erklärungen gibt. Die einfachste ist ein abgrundtiefer Haß auf die Arbeiterpartei; ein Haß, der so tief sitzt, daß er sich auch auf die zweite und dritte Generation vererbt hat. Er hat wenig mit dem Programm dieser Partei zu tun, sondern ist eine beinahe autonome Erscheinung. Eine andere Erklärung ist soziologisch begründet. Deklassierte, sich als Außenseiter fühlende Menschen neigen zu einer nationalistischen Überkompensierung. Um dazuzugehören, werden sie ultranational. Wer nichts hat, hat wenigstens das Gefühl, zu einem besonderen, erhabeneren Volk zu gehören, um so die noch tiefer stehende soziale Schicht im Lande – die Araber – verachten zu können.

Es kommt hinzu, daß die orientalische Kultur dieser Schicht mehr zum Gefühlsmäßigen hin neigt und die eher abstrakt-logische Kultur der Europäer als gefühlsarm ablehnt. Durch den emotionalen Stil der Rechtsparteien, ihren Appell an die Instinkte, Vorurteile und anti-arabischen Haßgefühle, fühlen sie sich stärker angesprochen als durch irgendein logisches Programm, das wirkliche Probleme zu lösen trachtet.

Historisch gesehen hat sich die arabische Welt den Juden gegenüber unvergleichlich viel besser benommen als das christliche Abendland umgekehrt den Arabern gegenüber. Pogrome waren selten, Massenvertreibungen unbekannt, beispielsweise ein Holocaust undenkbar. Lediglich in der letzten Generation, nach Beginn des arabisch-zionistischen Konfliktes, hat sich die Situation der Juden in den arabischen Ländern verschlechtert, und das ist den Einwanderern im Gedächtnis geblieben.

All diese Phänomene spielen sich auf der jüdischen Seite ab. Die arabische Minderheit in Israel hat ganz andere Probleme. Sie sehnt sich nach Gleichheit in einem Staat, in dem die Araber zwar alle offiziellen Bürgerrechte besitzen, ohne jedoch wirklich dazuzugehören. Sie fühlen sich auch mit ihren palästinensischen Brüdern und Verwandten in den besetzten Gebieten, den Flüchtlingslagern und der Diaspora solidarisch. Sie kämpfen gegen Hunderte von verschiedenen Formen von Diskriminierung, denen sie im tagtäglichen Leben ausgesetzt sind.

Israel hat sich in seiner Unabhängigkeitserklärung als »jüdischer Staat« bezeichnet. Kein Mensch weiß genau, was das bedeutet. Die Tatsache, daß eine große nationale Minderheit existiert, hat der Staat, der keine Verfassung besitzt, bis heute noch nicht verkraftet. Das wirkt sich praktisch auf allen Gebieten aus.

*

Das gesamte Bild, so chaotisch und verwirrend es im ersten Augenblick auch erscheinen mag, erweist sich in Wirklichkeit als wesentlich einfacher strukturiert. In sehr verallgemeinerter Form könnte man sagen, daß es in Israel zwei große Lager gibt. Auf der einen Seite: die große Mehrheit der aschkenasischen Juden, im allgemeinen besser gebildet und wohlhabender, weltlich, humanistisch, liberal und demokratisch orientiert, in gehobener gesellschaftlicher Stellung, politisch etwa Zentrum-links und im »Friedenslager« einzuordnen, unterstützt von beinahe allen arabischen Mitbürgern. Auf der anderen Seite: die große Mehrheit der orientalischen Juden, gewöhnlich auf einer der unteren Sprossen der sozio-ökonomischen Leiter stehend, weniger gebildet, religiös oder »traditionstreu«, emotional, chauvinistisch, populistisch, anti-arabisch, rechts. Die Proportion beider »Lager«: fast halbe-halbe.

*

Das Tal des Jordan, eine der berühmtesten Gegenden in Israel, ist Bestandteil des syrisch-afrikanischen Spalts, eines majestätischen geologischen Phänomens, das sich von Syrien bis nach Zentralafrika erstreckt. Die große Kluft, die Israel zerteilt, ist nicht weniger bedeutsam. Sie paralysiert die politischen Prozesse im Staate und schließt jede Bewegungsfreiheit aus. Der Staat ist zur Unbeweglichkeit verurteilt. Jeder Politiker, der weiter als bis auf seine eigene Nasenspitze schaut, steht vor der großen Frage: Wie kann man diese Teilung überwinden oder wenigstens deren Proportionen verändern?

Schimon Peres, der Führer der Arbeiterpartei, hat eine Strategie, die er schon etliche Male ausprobiert hat, nämlich die, einen Keil zwischen die ultra-religiösen Fraktionen und den Likud-Block zu treiben. Er hat alles versucht: moralische Argumente, Bestechung, Erpressung, Selbstverachtung. Nichts hat genutzt. Selbst als er schon glaubte, die wichtigsten Rabbiner »in der Tasche« zu haben, wurde er im kritischen Augenblick jämmerlich von ihnen im Stich gelassen. Die rechtsradikalen Sympathien der religiösen Wähler erweisen sich gegenüber einer solchen Manipulation einfach als zu stark.

Jitzchak Rabin, Peres' »Gegenspieler«, verfolgt eine andere Strategie. Ihm schwebt eine Arbeiterpartei vor, die dem Likud so ähnlich wird, daß den gemäßigt rechten Wählern ein Wechsel vom Likud hin zur Arbeiterpartei möglich würde. Aber wenn jemand schon eine anti-arabische Politik haben möchte, warum sollte er dann General Rabin General Scharon vorziehen?

Seit Jahren steckt die Arbeiterpartei in einer tiefen Krise. Eine andere Führung ist noch nicht einmal als Streifen am Horizont sichtbar, von einem wirklichen Erneuerungsprozeß kann nicht die Rede sein. Die siamesischen Zwillinge Peres-Rabin denken nicht daran abzudanken, um den Weg für eine neue Führungsgeneration freizumachen.

Der 68jährige Peres ist eine beinahe tragisch zu nennende Figur in der israelischen Politik. Man hat ihn oft mit Sisyphus verglichen. Seit Beginn der fünfziger Jahre in der Politik aktiv, hat er seinen Stein mühsam und mit unglaublicher Geduld ein dutzendmal bis nahe zum Gipfel gerollt, und jedesmal ist er seinen Händen entglitten und wieder hinuntergerollt. Die Achtung, die Peres im Ausland genießt, findet kaum Widerhall im Lande selbst. Orientalische Wähler stehen ihm mit einem leidenschaftlichen Haß gegenüber. Seine Chancen, jemals eine Wahl zu gewinnen, sind praktisch gleich Null, aber er ist dazu verdammt, es immer wieder zu versuchen, zum Verderben seiner eigenen Partei.

In der Golfkrise war auch mit dem Mikroskop kein gravierender Unterschied zwischen den beiden großen Parteien zu entdecken. Die meisten Leute waren froh, daß der Likud an der Regierung saß, denn es ist fraglich, ob es sich eine Regierung der Arbeiterpartei hätte leisten können, eine »Hawlaga«-Politik zu betreiben. Wahrscheinlich hätte sie Angst gehabt, als »schwächlich« angeprangert zu werden.

Auch die nahe Zukunft scheint dem Likud sicher zu sein. Er hat die Demographie auf seiner Seite. Man sagt in Israel, daß »alle paar Minuten ein Arbeiterpartei-Wähler stirbt und dafür ein Likud-Wähler geboren wird«. Die orientalischen und die religiösen Juden haben viel höhere Geburtsraten als die aschkenasischen und weltlichen Juden. (Zum Teil wird das durch die sehr viel höhere Geburtsquote der arabischen Bevölkerung wieder wettgemacht.) Die große Zahl neuer Einwanderer aus der Sowjetunion, die momentan nach Israel kommt, verbessert die Chancen des Likud nur noch mehr, denn die sowjetischen Juden reagieren auf jede Schattierung der roten Farbe allergisch; sogar die verblaßte sozialdemokratische Fahne der Arbeiterpartei ist für sie schon zuviel.

Besäße die Arbeiterpartei überhaupt noch den Willen zur Macht, hätte sie zur Zeit trotzdem eine Chance. Der erbärmliche Mißerfolg der Regierung, den Einwanderern Arbeit und Wohnung zu verschaffen, entwickelt sich allmählich zu einem Riesenskandal. Der zuständige Wohnungsminister ist Ariel Scharon. Aber die Arbeiterpartei scheint nicht imstande zu sein, das Versagen der Regierung für sich auszunutzen. Um ein im Lande entstandenes Sprichwort zu verwenden: Es scheint leichter für ein Kamel, durch ein Nadelöhr zu gelangen, als für die Arbeiterpartei, einen politischen Umschwung in Israel herbeizuführen.

»Noch nie so gut«

Kurz nach Kriegsende erschütterte die kurdische Tragödie die Welt. Im Fernsehen sah man armselige Flüchtlingskinder in Regen und Schnee. Zeitungsmeldungen berichteten über Grausamkeiten der irakischen Armee bei der Niederschlagung der kurdischen und schiitischen Aufstände. Wer so naiv gewesen war, wirklich geglaubt zu haben, die Amerikaner hätten den Krieg aus reinem Altruismus geführt, und daß es George Bushs Lebenstraum sei, eine herrliche »neue Ordnung« in der Welt zu etablieren, für den war das eine herbe Enttäuschung. Wieder einmal hatte sich eine Großmacht wie eine Großmacht benommen. Wie ein Elefant, der einen Ameisenhaufen zertrampelt, ohne es zu bemerken.

Bush hat den Krieg angezettelt, ohne sich Gedanken darüber zu machen, was eigentlich nach dem Krieg mit dem Irak passieren sollte. Wahrscheinlich hatte Bush gehofft, daß Saddam Hussein gestürzt würde und daß dann automatisch eine pro-amerikanische Regierung an die Macht käme. Aber als die Koalitionsarmee im Süd-Irak einbrach, wurde das Problem der Nachkriegsordnung plötzlich akut. Die Saudis – und auch die anderen arabischen Koalitionsgenossen – schlugen Alarm.

Ähnlich wie der Libanon, wie Syrien und andere nahöstliche Staaten, die gegen Ende des Ersten Weltkriegs von den Kolonialmächten errichtet worden sind, ist auch der Irak ein künstliches Gebilde, das eher englischen Interessen denn nationalen oder geographischen Gegebenheiten entsprach. 60 Prozent der Einwohner des Iraks sind arabische Schiiten, 20 Prozent arabische Sunniten, 20 Prozent kurdische Sunniten. Alle Zahlen sind sehr vage, denn niemand hat bisher jemals ein Interesse besessen, ganz genau zu zählen.

Seit Karl May in seiner Gefängniszelle vom fernen wilden Kurdistan träumte, haben die Kurden ihre Freiheit nicht errungen. Die Geographie hat sie verdammt. Obwohl sie eine klar erkennbare Nation sind, mit eigener Sprache und eigener Kultur, und obwohl sie in einem zusammenhängenden Territorium lebten, ist es ihnen nicht gelungen, zu einem eigenen Staat zu kommen. Seit mindestens 3000 Jahren befinden sich die Kurden in einem permanenten Aufstand, lediglich unterbrochen von kurzen Perioden der Unabhängigkeit. Der größte Kurde, Salach-ad-Din (Saladin), der Jerusalem von den Kreuzrittern befreite, ist auch heute noch das Vorbild aller Araber und wird als solches von Saddam Hussein gefeiert. Den Kurden von heute allerdings nützt das wenig. Zu ihrem Unglück gehört es, daß das von ihnen bewohnte Gebiet in fünf verschiedenen Staaten liegt – hauptsächlich in der Türkei, im Irak und Iran, aber auch in Syrien und der sowjetischen Republik Aserbaidschan. Nach dem Ersten Weltkrieg hat man den Kurden in der Türkei im Vertrag von Sèvres zwar Autonomie versprochen, aber ähnlich wie jetzt Saddam Hussein war die geschlagene Türkei damals noch stark genug, um das zu verhindern. Den Kurden im Irak hatte man gar nichts versprochen, denn ihr Gebiet war reich an Erdöl. Die Engländer sprachen das Gebiet dem Irak zu, um es in ihrer Hand zu behalten. In allen fünf Staaten werden die Kurden heute unterdrückt.

Zu Anfang der siebziger Jahre dachten die Kurden, im Irak endlich eine Chance zu bekommen. Der Schah befand sich im Streit mit Bagdad. Um im Süden des Irak Zugeständnisse zu erhalten, hatte er den Kurden im Norden seine Hilfe zugesagt, die sich dann auch prompt erhoben. Israel, immer daran interessiert, die Irakis von sich abzulenken, schickte Waffen und vorzügliche militärische Berater über den Iran ins kurdische Gebiet. Der Aufstand war erfolgreich in den Bergen, aber 1975 ließ der Schah die Kurden einfach fallen. Der Mohr hatte seine Schuldigkeit getan. Saddam machte dem Schah, zähneknirschend, die gewünschten Zugeständnisse, und der Schah verkaufte ihm dafür die irakischen Kurden. Ohne den direkten Zugang über den Iran konnten auch die Israelis den Kurden nicht mehr helfen. Mustafa Barsani, der berühmte Kurdenführer, mußte mit gebrochenem Herzen fliehen.

Dieser Kompromiß bot den Anlaß zum achtjährigen iranisch-irakischen Krieg. Nach dem Fall des Schahs dachte Saddam Hussein, den sich im revolutionären Chaos befindenden Iran leicht überrumpeln zu können, um die ihm abgepreßten Zugeständnisse wieder rückgängig zu machen. Dieser Versuch mißlang. Als das Glücksrad sich weiterdrehte und die fanatischen Iraner in den Irak einfielen, öffneten ihnen wieder einmal aufständische Kurden im Norden die Tore. Als eine Art Vergeltung und auch, um das Tor zu schließen, bombardierte Saddam die Kurden mit Giftgas. Damit waren sowohl der Aufstand als auch der Krieg zu Ende.

Als die Amerikaner im Februar 1991 die irakische Armee zerschlugen und Präsident Bush die Irakis aufrief, Saddam zu stürzen, dachten die Kurden wie schon oft zuvor, daß nun ihre große Stunde gekommen sei. Sie erhoben sich in der Hoffnung auf amerikanische Hilfe, was sich als recht unbedacht erwies. Die Amerikaner hatten gar kein Interesse daran, den Kurden zu helfen. Ein unabhängiges irakisches Kurdistan, so die Schlußfolgerung, werde sofort die Kurden in der Türkei und im Iran »anstecken«. Eine Destabilisierung beider Staaten durch die kurdische Irredenta wäre die zwangsläufige Folge. Dafür waren die Hüter der »neuen Ordnung« nicht zu haben.

Größer noch waren die Befürchtungen Bushs und seiner Berater vor allem darüber, was im Süden Iraks passieren konnte. Wie die Schiiten des Libanon sind auch die Schiiten im südlichen Irak arm und seit langem unterdrückt. Die heilige Stätte der Schia (»Schia« heißt Partei und meint besonders die Partei Alis, des Schwiegersohns des Propheten Muhammad) befinden sich im südlichen Irak, und daher ist es nur natürlich, daß die schiitische Theokratie im Iran ihre Glaubensgenossen dort unterstützt. (Auch in dieser Unterstützung sah Saddam seinerzeit einen Grund, den Iran zu überfallen.)

Am Ende des Golfkrieges war es für die »neutralen« Iraner ein leichtes, die irakischen Schiiten zum Aufstand zu bewegen, was sich für Bush als Dilemma erwies, denn er wollte Saddams Herrschaft zerschlagen, aber nicht den Irak in eine iranische

Provinz verwandeln wie zu den Zeiten von Kyros und Darios. Ein solchermaßen erstarkter Iran wäre eine Gefahr für die amerikanische Hegemonie im Nahen Osten und für alle sowohl konservativen als auch anderen arabischen Regimes gewesen. Der Irak wurde zur östlichen Mark der arabischen Welt. Aus diesem Grund erhielt General Schwarzkopf plötzlich, zu seinem großen Entsetzen, den Befehl, seine Truppen zu stoppen, statt sie auf das schiitische Basra oder das sunnitische Bagdad marschieren und die irakische Armee vernichten zu lassen. Der Alptraum jedes Oberbefehlshabers, den geschlagenen Feind laufen lassen zu müssen, wurde für Schwarzkopf zur Wirklichkeit. In einem späteren Inverview fiel er aus seiner Rolle, als er Präsident Bush eines großen Fehlers bezichtigte. Der General hatte ganz offensichtlich den Hintergrund nicht verstanden.

Auch die israelische Öffentlichkeit tat sich schwer damit, das zu verstehen. Denn sonst hätte sie diesen Beschluß Präsident Bushs, so zynisch er auch war, bejahen müssen. Der Irak als iranisches Protektorat hätte nämlich eine Gefahr bedeutet: Durch seine gemeinsamen Grenzen mit dem befreundeten Syrien und mit Jordanien hätte es dem Irak gelingen können, die oft proklamierte anti-israelische »Ostfront« zustandezubringen, was einer ständigen Bedrohung des israelischen Militärs gleichgekommen wäre.

Der Irak unter Saddam oder einem anderen sunnitisch-arabischen General, nach der Erfahrung eines verlorenen Krieges, ohne irgendwelche Vernichtungswaffen und in ständigem Konflikt mit seinen kurdischen und schiitischen Untertanen dagegen ist im Vergleich viel harmloser. Als Keil zwischen Syrien und dem Iran kann der Irak sogar nützlich sein. Das zumindest glauben die Amerikaner und – insgeheim – auch die pragmatischen israelischen Militärs.

*

Als am 1. April 1991 ein neuer Generalstabschef das Kommando der israelischen Streitkräfte übernahm, konnte er Israels militärische Lage mit einer gewissen Genugtuung betrachten. Generalleutnant Ehud Barak, ein nicht ganz typischer »intellektueller« Offizier, bekundete sofort seine Bereitschaft, den ungeheuren Militäretat einzuschränken.

Tatsächlich hat die Streichung des Irak aus der Liste der aktiven Feinde die strategische Lage positiv verändert. Im Süden Israels besteht der Separatfrieden mit Ägypten. Jordanien ist kein effektiver militärischer Widersacher. Syrien fährt zwar fort, sich zu bewaffnen und ist bereits mit Vernichtungswaffen ausgestattet, aber der Diktator in Damaskus, mehr Fuchs als Löwe (»Assad« heißt im arabischen Löwe), wird sich hüten, mit Israel in einen Krieg zu geraten, ohne einen starken Irak als Bundesgenossen in seinem Rücken zu wissen.

Die Beziehungen zwischen Syrien und Israel erweisen sich nie ganz so, wie sie erscheinen. Von außen gesehen ist Hafes Al-Assad der unerbittliche Todfeind Israels. Sein Anspruch auf Hegemonie in der arabischen Welt beruht nicht nur auf der Geschichte der omajjadischen Kalifen zu Damaskus vor 1200 Jahren, sondern auch auf der Tatsache, daß Syrien der einzige »Konfrontationsstaat« ist, der Israel die Stirn bietet. Sein offizielles Ziel lautet, »strategische Gleichheit« mit Israel zu erreichen. Saudi-Arabien finanziert die syrische Rüstung nicht nur, um den Irak in Schach zu halten und Syrien als Vermittler gegenüber dem Iran zu benutzen, sondern auch, um die israelische Armee unter Druck zu setzen. Seit Ariel Scharon vor einigen Jahren öffentlich erklärte, daß die israelische Armee ohne weiteres die saudischen Ölfelder erreichen könne, sind die Saudis auf Flankendeckung bedacht. In Israel ist Syrien verhaßt und gefürchtet. Man hat gesehen, wie Assad seine eigenen aufständischen Untertanen mit Kanonen dezimiert und eine seiner wichtigsten Städte, Al-Hamma, teilweise verwüstet hat.

Aber Rhetorik und Emotionen haben Damaskus und Jerusalem nie daran gehindert, zum gemeinsamen Nutzen zusammenzuarbeiten. Das war schon zu Zeiten der Bibel so. Wie die

Könige Judäas und Arams vor 2700 Jahren waren sich Assad und Premierminister Rabin 1976 einig, daß man gemeinsames Spiel machen müsse. Es handelte sich in diesem Fall um den Libanon. Eine Koalitionsarmee der Muslims, Drusen und Palästinenser, unter der Führung der PLO-Streitkräfte, befand sich dort im Begriff, die Oberhand im Bürgerkrieg gegen die Christen zu gewinnen. Das paßte den Syrern allerdings nicht und Israel schon gar nicht. Unter der Ägide von Henri Kissinger wurde ein inoffizielles Geheimabkommen ausgehandelt. Die syrische Armee zog im Libanon ein und schlug die Palästinenser zurück, Israel schaute zu. Rabin hätte am liebsten die Syrer bis zur israelisch-libanesischen Grenze vordringen lassen. »Wo die Syrer sind, dort haben wir Ruhe«, hatte er, nicht zu Unrecht, versichert. Aber sein Verteidigungsminister und Todfeind, Schimon Peres, zwang ihn, eine »rote Linie« auf der Landkarte zu ziehen und die Syrer dort aufzuhalten. Zwischen ihnen und Israel entstand ein Niemandsland, in dem sich ein PLO-Mini-Staat etablieren konnte. Um dieses Gebilde zu vernichten, marschierte Ariel Scharon 1982 im Libanon ein. Wenn er sich allein darauf beschränkt hätte, wie Begin es der Knesset und der Welt gegenüber versprochen hatte, dann hätten die Syrer wohlwollend zugeschaut. Aber Scharon griff auch die syrische Armee an und wurde von ihr aufgehalten, obwohl die israelische Luftwaffe leicht die syrische hätte besiegen können.

Seitdem ist die israelisch-syrische Zusammenarbeit im stillen weiter gediehen. Verbunden durch einen gemeinsamen Haß auf die PLO-Führung, verstehen sich Damaskus und Jerusalem vorzüglich – ohne auf gegenseitige öffentliche Beschimpfungen zu verzichten. Vom rein militärischen Standpunkt aus gesehen könnte ein israelischer Stratege zu dem Schluß kommen, daß in den nächsten Jahren keine große Gefahr droht und man die Zeit nutzen kann, die »israelische Verteidigungsarmee« (wie sie offiziell auf hebräisch heißt) zu modernisieren und zu einer hochtechnologischen Streitmacht umzubilden, so wie es den Lehren des Golfkrieges entspricht.

*

Eine der wichtigsten Persönlichkeiten in Israel ist der Staatskontrolleur – ein von der Knesset ernannter unabhängiger Beauftragter, der alle Organe des Staates regelmäßig kontrolliert und jedes Jahr einen umfangreichen Bericht mit zumeist aufsehen erregenden Ergebnissen veröffentlicht. Zur Zeit sitzt auf diesem Posten eine recht kriegerische Dame, Miriam Ben-Porat, eine ehemalige Richterin des obersten Gerichtshofes. Die jüngsten Untersuchungen des Kontrollamtes während des Golfkrieges ergaben unter anderem, daß ein Drittel der Gasmasken, die während der Golfkrise an die Bevölkerung verteilt worden waren, nicht effektiv funktioniert hätten. Die Armee bestritt diese Feststellung wütend, aber die Kontrolleurin war unerbittlich und bestand hartnäckig auf den Untersuchungsergebnissen ihrer Experten.

Das ganze Kapitel der Gasmasken mag Außenstehenden etwas eigentümlich erscheinen und ist vielleicht nur wichtig, weil es ein Bild vermittelt von der Stimmung im Land während des Krieges.

Zu Beginn der Krise war das israelische Militär beinahe völlig überzeugt davon, daß Saddam Hussein zwar Fernraketen besitzt, die Israel erreichen können, aber daß er nicht in der Lage sei, sie mit Giftgas auszurüsten. Giftgasgranaten und Giftgasbomben sind eine Sache – und man wußte ja, daß Hussein sie hatte –, aber Giftgasraketen sind etwas ganz anderes, denn sie bedürfen einer hochentwickelten Technologie. Es war zu Beginn des Krieges nicht sicher, ob Hussein sich im Besitz dieser Technologie befand. Klar war nur, daß er niemals eine solche Waffe ausprobiert hatte. Für Militärexperten schien es deshalb äußerst unwahrscheinlich, daß Saddam eine niemals zuvor getestete, neue Waffe effektiv würde einsetzen können. Deshalb wollte das Militär in Israel – anders als die Politiker – auch keine Gasmasken verteilen. Diese wiederum traten gemeinsam mit den Journalisten an die Öffentlichkeit. Außenminister David Levy zum Beispiel, ein Mann mit populistischen Manieren, verlangte empört, daß man an die Bevölkerung Gasmasken verteilen müsse, um deren Leben zu schützen. Bald war der Aufschrei allgemein, und der israelische Generalstab mußte, wenn auch widerwillig, nachgeben.

Um den immensen Bedarf zu decken, kaufte die Armee der Bundesrepublik Deutschland eine große Menge alter israelischer Gasmasken wieder ab. Die Bundeswehr hatte sie seinerzeit für 70 Cents das Stück von Israel bekommen und verkaufte sie nun für 17 Dollar das Stück zurück. (Jüdische Antisemiten, von denen es in Israel sehr viele gibt, spotteten, daß das Juden in der Diaspora nie passiert wäre.) Hinzu kam noch, daß diese Gasmasken teilweise schon völlig nutzlos waren und laut Aussagen der Staatskontrolleurin keinen wirklichen Schutz boten. Das traf besonders auf die Masken für Kinder zu, deren Zustand allgemein als noch schlechter galt.

Um die Atmosphäre in Israel nachvollziehen zu können, muß man sich daran erinnern, daß Saddam Hussein schon vor der Krise versprochen hatte, »halb Israel zu verbrennen«, wenn es zu einem Krieg käme. Zur selben Zeit gab er auch bekannt, daß er binäre Giftgasbomben besitze. Das schuf einen psychologischen Druck, dem auch die Militärs in Israel nicht widerstehen konnten.

Die Angst vor Giftgas ist nicht nur rational zu begründen. Eine Substanz, die die Luft zum Atmen vergiftet, hat etwas Magisches an sich, das die tiefsten Instinkte des Menschen anrührt. Bei Juden zeigt sich die Angst vor Giftgas, nach allem, was sie in ihrer Geschichte erlebt haben, natürlich noch weit ausgeprägter. Es erwies sich daher als ziemlich nutzlos, den Menschen zu erklären, daß die eigentliche Gefahr gering war, da die Scud-Raketen viel zu ungenau waren, um in der Dichte zu fallen, die für die tatsächliche Vergiftung eines kleinen Gebietes notwendig ist. Deshalb beschloß man, die Abdichtung eines Zimmers der eigenen Wohnung mit Hilfe von Papier und Klebestreifen anzuordnen und der Bevölkerung aufzutragen, sich bei Luftalarm in diese Räume zu begeben – immer ausgehend von der Annahme, daß Gasmasken einen optimalen Schutz bieten könnten.

Dazu kam noch eine andere Überlegung. Bei einem gewöhnlichen Luftangriff bleibt nach dem Alarm eine gewisse Zeit, bis die Flugzeuge ihre todbringende Fracht abwerfen, denn der Radar entdeckt sie schon von weitem. Anders Raketen, sie sind viel schneller. Zu Beginn des Krieges heulten die Sirenen kaum eine Minute vor dem Absturz der Rakete. Die Luftschutzkeller, die sowieso keinen Schutz gegen Giftgas bieten konnten, waren in einem so kurzen Zeitraum überhaupt nicht zu erreichen – abgesehen davon, daß sie an vielen Orten gar nicht existierten. Es blieb kaum die Zeit, das abgedichtete Zimmer in der Wohnung vor dem Fall der Rakete zu erreichen und die Gasmaske anzuziehen, insbesondere dann, wenn man noch Kleinkinder gesondert schützen mußte.

Als die erste Rakete fiel, befand sich praktisch die gesamte Bevölkerung Israels, Gasmasken tragend, in ihren Zimmern eingeschlossen, die Kinder und auch viele Erwachsene von Todesangst befallen, Klebestreifen und Nylon als einzige Schutzmittel gegen den drohenden Tod. Um Meldungen über die Einschläge von Raketen zu hören, hatte man das Radio angestellt, das pausenlos in fünf Sprachen (für die Neueinwanderer) Instruktionen für das Verhalten im Ernstfall verkündete, abwechselnd mit vermeintlich beruhigenden Äußerungen der Armeesprecher, die die Besorgnis aber nur vergrößerten.

Da die Raketen fast immer nachts fielen (tagsüber konnten amerikanische Flugzeuge die mobilen Raketenabschußrampen entdecken), beschlossen Hunderttausende, die bedrohten Städte, vor allem Tel-Aviv und Haifa, abends zu verlassen, um erst am Morgen zurückzukommen. Diejenigen, die blieben, fühlten sich wie Helden. Nachts war Tel-Aviv eine belagerte Stadt mit der Kameradschaft und dem Stolz, die solchen Städten dann eigen sind. Als die Raketeneinschläge zunahmen und zahlreiche Häuser durch »konventionelle« Raketen zerstört oder beschädigt wurden, wurde es immer offensichtlicher, daß Hussein tatsächlich nicht im Besitz von Giftgasraketen war. Die Vorwarnzeit verlängerte sich wieder auf fünf Minuten, und viele Einwohner begannen, die offiziellen Warnungen zu ignorieren und die Luftschutzkeller aufzusuchen. All das kann zur

Erklärung dienen, warum so viele Leute glauben, daß die Behörden die Bevölkerung nicht genügend auf die Raketenangriffe vorbereitet haben, obwohl vom Ausbruch der Krise im August 1990 bis zum Beginn der Operation »Wüstensturm« beinahe ein halbes Jahr verstrich.

*

Aber wirklich wütend waren viele nur auf die Deutschen. Den Hauptanlaß dazu gaben deutsche Waffenproduzenten und -händler, die Saddam Hussein die Materialien und das Knowhow für die verbesserten Raketen und das Giftgas geliefert hatten; im vollen Bewußtsein, daß diese Waffen wahrscheinlich eines Tages gegen Israel zum Einsatz kommen würden. Wie sich später herausstellte, setzten einige von ihnen auch nach Beginn der Golfkrise die Lieferungen noch fort. Natürlich waren die Deutschen nicht die einzigen. Todeshändler vieler anderer Länder waren ebenfalls beteiligt. Und natürlich hat auch Israel selbst vielen ziemlich unangenehmen Tyrannen Waffen geliefert. Aber bei Deutschland handelt es sich doch um einen Sonderfall.

Die Beziehungen zwischen Juden und Deutschen, zwischen Israel und der Bundesrepublik Deutschland, sind ein Kapitel für sich. Ein schmerzliches Kapitel. In Israel leben Hunderttausende von Menschen, die den Holocaust überstanden haben. Es ist ganz gewöhnlich, blaue KZ-Nummern auf den Armen von Menschen zu entdecken, mit denen man zu tun hat. Die Kinder von ehemaligen Häftlingen der Vernichtungslager sind von frühester Kindheit an mit Angstgefühlen aufgewachsen, die oft stärker sind als die der Eltern selbst, die zumindest noch eine sorglose Kindheit vor der Nazizeit genossen haben. Es gibt in Israel beinahe keine aus Europa stammende Familie, die nicht Verwandte im Holocaust verloren hätte. Auch aus islamischen Ländern stammende Juden identifizieren sich mit den Opfern, manchmal sogar mehr noch als ihre europäischen Nachbarn. Der Holocaust ist in Israel überall gegenwärtig. Es gibt Holocaust-Gedenktage, -Gedenkfeiern, -Gedenkstätten und -Enzyklopädien, in Schulen und Universitäten wird die Geschichte des Holocausts gelehrt, alle Medien beschäftigen sich ständig mit ihr. Ausländische Würdenträger werden zu dem Holocaustmuseum »Jad Vaschem« geführt wie anderswo zum Grabe des unbekannten Soldaten. (Jad Vaschem, wörtlich »Hand und Name«, ist ein biblischer Ausdruck für Gedenken.) Eine andere Einstellung als diese würde als Verrat an den Opfern empfunden werden.

Der Holocaust steht daher immer im Hintergrund der deutsch-israelischen Beziehungen und wird dort auch für lange Zeit bleiben. An der Oberfläche haben sich diese Beziehungen schon lange normalisiert. Gegenseitige Besuche von Politikern und Privatpersonen sind zur Routine geworden, viele Freundschaften haben sich gebildet, deutsche Waren sind in Israel populär, Mercedes und BMW gehören auch hier zu den Statussymbolen. Leicht könnte man zu der Annahme gelangen, daß damit alles wieder gutgemacht wäre. Aber diese Normalisierung ist eine nur scheinbare. In Israel trifft man viele Männer und Frauen, die sich in jeder Beziehung wie alle anderen benehmen, die Witze erzählen, Enkelkinder betreuen, sich über Kleinigkeiten aufregen, Geburtstage feiern – bis man einen exponierten Nerv berührt und sich herausstellt, daß sie Insassen von Auschwitz waren, durch Zufall den Gaskammern entkommen sind, Todesmärsche mitgemacht haben. Solche Erinnerungen, tief und weit verdrängt, um ein Weiterleben möglich zu machen, können plötzlich herausbrechen, vor allem dann, wenn ein neuer Angstzustand entsteht.

Ähnlich sieht es aus im Hinblick auf die sogenannten »normalen« Beziehungen zwischen Israel und Deutschland. Sie können sich in dem Augenblick verändern, in dem etwas passiert, was an die Vergangenheit erinnert. Und was könnte mehr an die Vergangenheit erinnern als deutsche Giftgaslieferungen an Israels Feinde? Man war überzeugt, daß die deutschen Behörden diese Geschäfte jahrelang duldeten, oder sich zumindest so nachlässig verhielten, daß es in diesem Fall einer Befürwortung gleichkam.

Andere Vorwürfe waren weit weniger berechtigt, aber in der großen Aufregung durchaus verständlich. Da so gut wie alle Israelis den Krieg als ihren eigenen betrachteten und Amerika ohne Vorbehalte unterstützten, sah man die deutsche Zurückhaltung als anti-israelisch an. Auf die deutschen Friedensdemonstrationen reagierte man besonders wütend und betrachtete sie gewissermaßen als antisemitische Kundgebungen. Ein deutscher sozialdemokratischer Politiker, der Israel besuchte, bemerkte dazu trocken: »In diesem Jahrhundert haben Deutsche für schlimmere Sachen als den Frieden demonstriert.« Es war ja auch etwas seltsam, vielleicht auch eine Ironie des Schicksals, daß in dieser Krise Juden auf Deutsche ausgerechnet deshalb wütend waren, weil diese sich weigerten, Soldaten in den Krieg zu schicken.

Deutsche, die während der Angstperiode Israel und vor allem dem bedrohten Tel Aviv demonstrative Besuche abstatteten, konnten etwas zur Linderung der israelischen Wut beitragen. So zum Beispiel die Bürgermeister von Bonn und Köln. Sie befanden sich gerade während eines feierlichen Abendessens mit dem Tel-Aviver Bürgermeister Schlomo Lahat (als Salo Lindner in Deutschland geboren) im Hilton Hotel, als Raketenalarm ertönte. Wie alle anderen auch gingen sie in den Schutzraum, wo die in Deutschland hergestellte Gasmaske des Kölners allgemeine Bewunderung fand. Danach fuhren sie mit dem Abendessen fort.

Der Riß in den deutsch-israelischen Beziehungen ist schnell wieder zugedeckt worden. Aber bei jeder neuen Krise kann er wieder aufbrechen. Über den deutsch-israelischen Beziehungen hängt ein unsichtbares Schild: »Achtung, zerbrechlich!«

*

Das schlechte Gewissen der deutschen Regierung gegenüber Israel wirkt sich natürlich zugunsten Israels aus. Bonn wird sich auch weiterhin für Jerusalem in der Europäischen Gemeinschaft einsetzen. Vor der Krise hatten sich verschiedene Mitglieder der EG gegen das Vorgehen Israels in den besetzten Gebieten ausgesprochen. Man drohte mit Sanktionen und reduzierte sogar die Zusammenarbeit auf dem Gebiet der Forschung. Nach der Krise war davon nicht mehr die Rede. Die Beziehungen Israels zur EG sind inzwischen wieder merklich besser geworden.

Überhaupt erscheint die diplomatische Lage der israelischen Regierung besser denn je. Nicht nur, daß man mit den USA in guten Beziehungen steht, man hat auch ein gutes Verhältnis zu Ost-Europa und der UdSSR. Alle diese Staaten (außer Rumänien) hatten nach dem Sechs-Tage-Krieg die diplomatischen Beziehungen zu Israel abgebrochen. Heutzutage weiß man auch in Moskau, daß das einer der dümmsten Schritte der sowjetischen Diplomatie war. Es ist ein leichtes, Beziehungen abzubrechen, aber schwer, sie wieder aufzunehmen. Jahrelang war die Sowjetunion nicht in der Lage, im Nahen Osten als Vermittler aufzutreten, und mußte diese beneidenswerte Rolle den Amerikanern überlassen, die ihre Beziehungen zu beiden Seiten aufrechterhalten hatten. Aber eine Wiederaufnahme der Beziehungen zu Israel wäre einem schweren Schlag für die Klienten der UdSSR in der Region gleichgekommen. Es handelte sich um ein klassisches Beispiel für ein Eigentor.

Warum haben die Moskauer Funktionäre damals so gehandelt, während sie ihre Beziehungen mit Chile, Südafrika und anderen halbfaschistischen Staaten aufrechterhielten? Vielleicht war etwas Antisemitismus mit im Spiel.

Nun ändert sich das alles schnell. Die osteuropäischen Staaten knüpfen ihre Beziehungen mit Israel wieder an und überbieten sich gegenseitig in ihrer Begeisterung für die rechtsradikale israelische Regierung. Václav Havel war schon da. Auch Lech Walesa, der im Wahlkampf antisemitisch angehauchte Bemerkungen fallen ließ, ist zum Staatsbesuch gekommen, nachdem er zuvor amerikanische jüdische Funktionäre mit Freundschaftserklärungen überschüttet hatte.

Was steckt dahinter? Sicher ist es eine Reaktion auf die ehemalige sowjetische Politik. Da Moskau sich extrem anti-israelisch verhielt und diese Politik seinen Trabanten aufzwang, kam eine pro-israelische Einstellung bei Gegnern des sowjetischen Systems nahezu zwangsläufig auf. Eine Annäherung an Israel erscheint daher in Ost-Europa zur Zeit populär, sozusagen als ein weiteres Symbol der neuen Zeit. Aber es gibt noch einen anderen Grund.

Der israelische Einfluß in Amerika ist bekannt. In Ost- Europa wird er jedoch stark überschätzt. Viele Politiker glauben tatsächlich, daß Israel Washington beherrscht und der jüdische Einfluß dort genügte, um ihnen selbst Riesenkredite und -zuschüsse zu bewilligen. Von Moskau bis Sofia ist man überzeugt, daß der Weg nach Washington über Jerusalem führt.

Wenn man will, kann man auch darin eine Art Antisemitismus sehen, eine Form des Glaubens an die »Protokolle der Weisen von Zion«, die eine Weltherrschaft der Juden behaupten. Wie so oft ist die Entfernung zwischen Antisemitismus und Philosemitismus nicht allzu groß. (Während der Nazizeit erzählte ein jüdischer Witz von einem Juden, der prinzipiell nur den »Stürmer« las. »In allen anderen Zeitungen steht, daß die Juden hilflos sind«, erklärte er, »nur im Stürmer kann ich lesen, daß die Juden die Welt beherrschen.«)

Die Massenauswanderung von meistens hochqualifizierten Juden aus der Sowjetunion, mit offizieller Genehmigung und bisweilen sogar Ermutigung, stellt ein weiteres Symptom dieser neuen Einstellung in Moskau dar. Damit geht Israels brennender Wunsch in Erfüllung. Man rechnet dort mit bis zu drei Millionen Einwanderern aus der Sowjetunion innerhalb weniger Jahre, die die Demographie des Landes total verändern werden – zu Ungunsten der Palästinenser, versteht sich.

Diese Masseneinwanderung wirkt wie eine soziale und wirtschaftliche Sintflut. Sie trat ganz unerwartet ein; es war, wie gewöhnlich in Israel, nichts geplant und vorbereitet. (Israelis sind ungeheuer stolz auf ihr Improvisationsvermögen, aber die Kehrseite der Medaille ist das Unvermögen, auch nur irgend etwas zu planen.) Wohnungsmangel und Massenarbeitslosigkeit sind schon nach den ersten Hunderttausenden, die in das

Land gekommen sind, überall zu spüren, obwohl inzwischen beinahe hunderttausend arabische Arbeiter aus den besetzten Gebieten von ihren Arbeitsplätzen in Israel vertrieben worden sind. Aber Israelis sind optimistisch und glauben, daß sich am Ende alles von selbst regeln wird.

*

Bei den Palästinensern erregt die Masseneinwanderung die heftigsten Befürchtungen. Zwar beteuert die israelische Regierung ein über das andere Mal, daß die »Alijah« (wörtlich »Heraufgehen«, biblisch für die Rückkehr ins Gelobte Land) unter keinen Umständen auf Kosten anderer erfolgen werde, aber eine hundertjährige Erfahrung hat die Palästinenser gelehrt, solche Erklärungen nicht sonderlich ernst zu nehmen. Tatsächlich haben die Einwanderer den Palästinensern nicht nur schon viele Zehntausende von Arbeitsplätzen weggenommen, sondern zudem auch für Wohnungsbau eingeplanten Boden, der arabischen Dörfern in Israel und den besetzten Gebieten bisher zur Verfügung stand. Manche Araber glauben, daß jeder jüdische Einwanderer einen im Lande geborenen Araber verdrängt. Mit dieser Prognose liegen sie nicht ganz falsch.

Die Intifada hat sich bereits am Tage nach dem Golfkrieg erholt. Beide Seiten sind extremer geworden. Palästinenser zücken immer häufiger das Messer, auch gegen israelische Frauen, und manchmal auch Schußwaffen. Palästinensische Spitzel des israelischen Geheimdienstes werden nahezu täglich von »Volkskomitees« abgeurteilt und hingerichtet. Israelische Soldaten auf der anderen Seite haben die Erlaubnis erhalten, auf Steinwerfer und »Hetzer« scharf zu schießen. Oft sind es auch Kinder, die getötet werden. Israelische Zivilisten wurden vom Polizeiminister aufgefordert, »drohende« Araber auf der Straße totzuschießen. Jüdische Siedler in den besetzten Gebieten tun das sowieso. (Der Polizeiminister, Ronni Milo, ist gleichzeitig für das staatliche Fernsehen verantwortlich, eine vielleicht einmalige Kombination.)

Aber trotz allem hat sich die Lage Israels nach dem Golfkrieg auch in der Region verbessert. Die Wut der pro-amerikanischen arabischen Staaten auf die PLO und die Palästinenser überhaupt ist wie ein Geschenk für die Schamir-Regierung. Saudi-Arabien und die anderen Golfstaaten gebärden sich zum ersten Mal in ihrer Geschichte beinahe Israel-freundlich. Syrien hat seinen anti-israelischen Ton stark gedämpft, das noch gestern wegen seines Friedens mit Israel geächtete Ägypten erfreut sich erneut seiner traditionellen Führungsposition in der arabischen Welt.

Obwohl James Baker in der Region »herumspukt« und George Bush mit vagen Friedensplänen »droht«, scheint es der Likud-Regierung in Israel so, als ob in der besten aller Welten alles bestens liefe.

Auf dem Vulkan

Irgendwo im Nahen Osten, vielleicht in Kairo, vielleicht in Amman oder in Ramallah, lebt ein 16jähriger Junge. Er heißt Muhammad. Muhammad hat den Golfkrieg aus der Ferne mitgemacht. Es war ihm ein traumatisches Erlebnis, das sein Leben formen wird. Muhammad war von Saddam Hussein begeistert. Um das zu verstehen, muß man wissen, was Muhammad bis zu seinem sechzehnten Lebensjahr in sich aufgenommen hat – zu Hause, in der Schule, auf der Straße:

Nachdem der Prophet, dessen Namen er trägt, der Welt das Licht gebracht hatte, war der Islam jahrhundertelang Träger der Kultur, der Wissenschaft, des Fortschritts überhaupt gewesen. Europa dagegen war barbarisch und obskurantisch, das Reich der Kalifen das Zentrum der aufgeklärten Menschheit. Dann kamen die Mongolen von Osten her und verwüsteten den Irak, der sich nie so recht davon erholt hat, und die Kreuzritter aus dem Westen, die in Jerusalem bis zu den Knien durch arabisches und jüdisches Blut wateten. Beide Seiten wurden zurückgeschlagen. Noch schlimmer waren die Türken, die zwar den Islam angenommen hatten, aber dennoch die arabische Welt unterjochten und für vier Jahrhunderte jeden Fortschritt verhinderten. So versank die Pracht der arabischen Welt.

Nach dieser langen Periode der Finsternis wachte die arabische Welt gegen Ende des letzten bzw. Anfang dieses Jahrhunderts wieder auf. Das Vorbild lieferte Europa, europäische Kultur, westlicher und weltlicher Nationalismus, der dem arabischen Wesen an sich fremd war. Die Araber haben dem Westen vertraut. Im Ersten Weltkrieg glaubten sie den Engländern, als diese ein großes arabisches Königreich versprachen, um damit die Araber gegen ihre türkischen Glaubensgenossen aufzuwiegeln. Sie glaubten auch dem amerikanischen Präsidenten Woodrow Wilson, der allen Völkern Selbstbestimmung versprach. So groß die Versprechungen, so groß der Verrat.

Hinter dem Rücken der Araber teilten englische und französische Kolonialisten die arabische Welt unter sich auf. Palästina sprachen sie den fremden Juden zu. Seitdem haben Generationen von westlich erzogenen Arabern für die arabische Freiheit gekämpft. Zwar wurde die formelle Unabhängigkeit in den meisten arabischen Ländern errungen, aber inmitten der arabischen Welt, gerade dort, wo sie am schmalsten ist, entstand ein fremder jüdischer Staat, der vom Westen erhalten und bewaffnet wurde. Er bildet einen Keil im arabischen Herzen, geographisch und seelisch. Denn dieser Staat, der auf den Ruinen eines arabischen Volkes aufgebaut ist, erscheint wie eine tägliche Herausforderung. Durch seine Arroganz und seine Unterdrückungspolitik demütigt er jeden Araber, von Casablanca bis Mossul.

Trotz aller Anstrengungen hat kein arabischer Staat vermocht, das Niveau der modernen Industriestaaten zu erreichen. Die westliche Kultur hat die Araber nicht nur politisch betrogen, sie hat sie zudem auch nicht in die Lage versetzt, ihre wirtschaftlichen und gesellschaftlichen Probleme selbständig zu lösen. Im Gegenteil, die Kluft zwischen den Arabern und der modernen westlichen Industriegesellschaft wird immer größer. Statt der erwarteten westlichen Demokratie kam eine Bande pro-westlicher arabischer Quislinge, die den ungeheuren Ölreichtum der arabischen Welt für sich ausplündert.

Der letzte arabische Held, Gamal Abd-el-Nasser, ist gescheitert. Die Amerikaner und ihre israelischen Agenten haben ihn zu Fall gebracht. Auch diese arabische Niederlage bewies, daß ein arabischer Führer nicht imstande ist, die arabische Nation unter der Fahne des westlichen Nationalismus zu »erlösen«.

Zuletzt erschien Saddam Hussein und hat es noch einmal versucht. Auch er war im Grunde genommen westlich orientiert, denn die Ba'ath-Partei ist von westlich erzogenen Intellektuellen mit westlichen Parolen gegründet worden. Die islamischen Schlagwörter Saddams waren lediglich Propaganda. Saddam ist ein Held. Er hat der gesamten westlichen Welt, Israel und den arabischen Verrätern getrotzt. Aber er ist gescheitert, und das hat seine Gründe. Die ungeheuren Hoffnungen, die die ganze arabische Welt auf ihn gesetzt hat, machen die Enttäuschung und Verzweiflung nur noch größer.

So sieht das Weltbild des 16jährigen Muhammad aus. Wenn er ein Palästinenser in Ramallah ist, kann er dem noch hinzufügen: Auch die PLO ist eine Befreiungsorganisation, die auf westlichen Mustern aufgebaut ist. Jassir Arafat ist ein großer Held, der Vater unseres Volkes, dem wir alle Dankbarkeit schulden. Er hat den palästinensischen Kampf von den ersten Anfängen an geführt. Er hat auch die palästinensische Diplomatie entwickelt. Aber trotz der ungeheuren Zugeständnisse, die er den Israelis und Amerikanern machte, hat er absolut nichts erreicht. Die Freiheit unseres Volkes ist weiter von ihrer Verwirklichung entfernt denn je. Auch das beweist, daß westliche Vorstellungen und Begriffe keinen arabischen Befreiungskampf leiten können. Es ist eine Illusion, daß man sich mit den westlichen Mächten verständigen kann, und eine noch größere, daß Israel jemals den Palästinensern ihre Freiheit geben wird. Solange Israel, der neue Kreuzritterstaat, die Kraft besitzt, die Palästinenser zu vertreiben und weitere arabische Gebiete zu erobern und zu besiedeln, wird es das tun. Die einzige Antwort ist Kampf.

*

So sieht Muhammad die Welt. Es ist sinnlos und irrelevant zu versuchen, die Einzelheiten zu bestreiten und zu widerlegen. Man kann sagen, daß die Araber ihre Schwächen rationalisieren, daß sie Sündenböcke suchen, daß sie veralteten Ehrbegriffen anhängen und nicht einer modernen Technologie nachlaufen, daß sie den Lauf der Geschichte nicht verstehen. Die entscheidende Frage ist aber nicht die, ob Muhammad objektiv gesehen Recht hat, sondern ob dies die subjektive Auffassung ist, die sein Verhalten bestimmen wird, und wie sich das auswirken wird. Für Israel, das inmitten dieser gärenden Region lebt, ist das eine Überlebensfrage.

Es wird einige Zeit dauern, bis das Ausmaß der Schande, das die arabische Welt im und durch den Golfkrieg erfahren hat, der arabischen Jugend klar geworden sein wird. Die irakische Armee hat keine ehrenvolle Niederlage gegen eine gewaltige Übermacht erlitten. Sie hat einfach nicht gekämpft. Saddam Hussein ist nicht auf dem Feld der Ehre gefallen. Er hat sich und sein Regime auf jämmerliche Art und Weise gerettet.

Nach dem großen Krieg von 1948, während dessen Verlauf der embryonische jüdische Staat fünf reguläre arabische Heere schlagen konnte, dauerte es einige Jahre, bis den Arabern das volle Ausmaß der Demütigung bewußt wurde. Drei Jahre nach dem Waffenstillstand jagten die ägyptischen »freien Offiziere«, die in Palästina gekämpft hatten, den korrupten König Faruk in einer unblutigen Revolution aus dem Lande. Das alte Regime am Nil brach zusammen wie ein Kartenhaus.

Danach passierte dasselbe auch anderswo: in Syrien, im Irak, in Libyen. Die Fatah-Bewegung trat ins Leben. In anderen arabischen Staaten wackelten die Königsthrone. Die Nachwehen des 1948er Krieges haben das Gesicht der arabischen Welt verändert.

In Israel glaubte man zu Beginn des Jahres 1949, daß der Sieg fast automatisch zum Frieden führen werde und das ganze nur eine Frage der Zeit sei. Die Araber, so dachte man, werden sich an die neue Lage gewöhnen und Israel schon anerkennen. Israel selbst braucht dafür nichts zu tun – weder die Hunderttausende von vertriebenen Palästinensern auch nur zum Teil zurückholen, noch den Palästinensern zu einem eigenen Staat verhelfen. Umsonst warnte ein weitblickender Historiker wie Arnold Toynbee davor, daß der neue Staat zu einem ständigen Krieg verdammt sein werde, verzichte Israel auf eine große, ehrenvolle Geste. Toynbee wurde einfach als »Antisemit« abgetan.

Der Golfkrieg kann noch wesentlich schlimmere Folgen zeitigen und sich für alle Beteiligten, und besonders für Israel, als ein wahrer Pyrrhussieg erweisen. Muhammad und die Millionen seiner Altersgenossen, vom Atlantischen bis zum Indischen

Ozean, vom Mittelmeer bis zur somalischen Küste, suchen nach einer Fahne, unter der sie ihre Ehre und ihre Selbstachtung zurückgewinnen können; eine Weltauffassung, die ihnen einen Platz, ein Rezept der Erneuerung bieten könnte. Wo können sie eine solche Erneuerung finden?

Die augenscheinlichste Alternative bietet der Islam, je fanatischer, desto besser. Überall in der arabischen Welt gibt es islamische Untergrundbewegungen, bewaffnete Geheimorganisationen und, wo möglich, auch legale politische Parteien.

Dabei muß man bedenken, daß der Islam keine Religion im abendländischen Sinne ist, die sich hauptsächlich auf den Glauben, gute Taten und die nächste Welt bezieht. Der Islam ist, wie der Judaismus, ein Rezept für diese Welt und will aufgrund dessen alle politischen und gesellschaftlichen Bereiche regeln. (Der Zionismus, bei dem es sich auch um eine geistige Revolution handelte, hat in der Praxis eine weltliche Reformation durchgeführt und einen säkularen Staat geschaffen, obwohl es auch in Israel von religiösen Fanatikern nur so wimmelt, die eine Theokratie aufbauen wollen.)

Bei der geistigen Leere, die heutzutage in der arabischen Welt herrscht, hat der Islam viel zu bieten, und vor allem nicht nur die Erinnerung an eine glorreiche Vergangenheit. Er spornt zu politischem und sozialem Aktivismus an, gibt den Armen etwas von ihrer Menschenwürde zurück und bietet ihnen zudem einen gesellschaftlichen Rahmen, so wie er generell eine Lösung – oder zumindet die Illusion einer Lösung aller Probleme verspricht. Er kämpft gegen Verbrechen, Rauschgift und andere Übel der »modernen« Gesellschaft.

Was vielleicht sogar noch wichtiger ist: Einer Generation, die gewillt ist, gegen den Westen (oder den Norden) zu kämpfen, bietet einzig der Islam eine Fahne an, die von westlichen Einflüssen unberührt geblieben ist. Und obwohl der Islam eigentlich nicht-national und über-national ist, bietet er sich dennoch als Fahne für einen nationalen arabischen Freiheitskampf bestens an. Der Widerspruch zwischen pan-islamischer, panarabischer und lokal-arabischer Bewegung besteht zwar in der

Theorie, kaum aber in der Praxis. Muhammad kann alles zusammen und zugleich sein – und er ist das auch meistens.

Aber eine arabische Revolution kann verschiedene Formen annehmen. Für viele bedeutet die Fahne des Islams ein Symbol des Rückschritts und wird von ihnen als ein Hindernis für die Modernisierung und Selbstbefreiung der Araber gewertet. Sie glauben wesentlich mehr an technologischen Fortschritt und Geburtenbeschränkung als an Tradition. Zwar hat der Marxismus in den islamischen Massen nie Fuß gefaßt und war immer eher ein Spielzeug arabischer intellektueller Eliten (mit starkem christlichem und jüdischem Einschlag), ein säkularer, revolutionärer Nationalismus aber ist dennoch nicht ausgeschlossen. Die Ba'ath-Partei bietet ein Beispiel dafür.

Für junge Palästinenser stellt die Intifada eine Art Laboratorium aller dieser Alternativen dar. Sie stehen im aktiven Kampf, riskieren täglich ihr Leben in der Konfrontation mit scharf schießenden israelischen Soldaten, werden verwundet, geschlagen, unter »mäßigem körperlichem Druck« verhört. Riesige Gefangenenlager, wie »Ansar« an der ägyptischen Grenze, sind revolutionäre Schulen und Diskussionszentren. Je gewalttätiger und brutaler die Konfrontation wird, desto stärker entwickelt sich der islamische Untergrund, weil seine hochmotivierten Mitglieder noch fanatischer sind und auch vor Selbstmordaktionen nicht zurückschrecken. Aber die große Mehrheit der Intifada ist auch heute noch weltlich orientiert, wenn auch hier die Grenzen ziemlich vage sind. Ein islamischer Glaubenskämpfer kann ohne weiteres sein Leben für die palästinensische Nationalfahne riskieren, die mit der grünen Fahne des Propheten konkurriert. Wenn jemand ihnen einen Palästinenser-Staat in einem Teil des Landes anbieten würde, wären auch die meisten islamischen Widerstandskämpfer begeistert.

So oder so, Muhammad sucht nach einer revolutionären Lösung. Jeden Tag sind Israel, die Ölscheichs und die korrupten arabischen Diktatoren lebendige Mahnungen daran, daß die arabische Welt um ihr Leben kämpfen muß, daß es so nicht weitergehen kann, daß die arabische Schande sein Leben vergiftet. In zwei bis drei Jahren wird Muhammad Student sein, wenn er Glück hat. In fünf bis sechs Jahren werden junge Leute wie er das Antlitz der arabischen Welt bestimmen. Was in diesen Tagen in Muhammads Kopf vorgeht, wird weitreichende, weltpolitische Folgen haben.

*

Das gilt besonders für Israel. Viele Israelis sind sich der Gefahr bewußt, auf die sie auf verschiedene und letztlich konträre Weise reagieren.

Sehr viele Israelis sagen sich einfach, daß keinerlei Chance besteht, jemals zu einem Frieden mit den Arabern zu gelangen. Die Araber sind nun einmal so – irrational, fanatisch, antisemitisch. (Daß die Araber genauso Semiten sind wie die Juden, und vielleicht noch mehr, macht auf Israelis keinen Eindruck.) Was im Kopf von Muhammad herumspukt, interessiert sie nicht.

Da es in ihren Augen nie zu einem Frieden kommen wird, muß man folgerichtig den nächsten Krieg vorbereiten, und den übernächsten auch. Mit einem Krieg ist alle paar Jahre zu rechnen, darum muß man sich mit Amerika vertragen, die Waffenindustrie aufbauen, die Palästinenser in den besetzten Gebieten unter Druck halten. Natürlich steht außer Zweifel, daß »jeder Israeli Frieden will« – ein routinemäßiger Ausdruck rechtsradikaler israelischer Politiker –, aber nur ganz naive, »linke« Israelis glauben, daß es je so weit kommen wird. Diese Naivität ist gefährlich, weil sie die Moral Israels untergräbt. Linke sind nun mal »Verderber Israels«, die das eigene Nest beschmutzen.

Der Golfkrieg mit seiner Greuelpropaganda über den Untermenschen Saddam Hussein hat diese kurz skizzierte Einstellung noch verschärft. Saddam ist ein Massenmörder = Saddam ist ein Araber = alle Araber sind Massenmörder. Diese Auffassung bietet noch einen großen Vorteil. Sie entspricht all dem, was man in israelischen Schulen über die jüdische Vergangenheit gelernt hat: Daß alle »Gojim« (wörtlich: Völker) überall und zu allen Zeiten die Juden verfolgt haben, daß die Juden im Getto sich immer gegen die ganze Welt verteidigen mußten, daß im Holocaust eigentlich nur alles das kulminierte, was ihm vorausgegangen war. Der heutige Zustand Israels wird als eine natürliche Fortsetzung dieser Entwicklung betrachtet. Die Araber sind die »Gojim«. Ergo – und das wird nie gesagt – ist Israel eigentlich ein neues Getto, ein Getto neuer Art, ein eigenstaatliches, hochbewaffnetes Getto, bereit, sein Leben teuer zu verkaufen.

Manchmal könnte das Gefühl entstehen, daß in dieser Einstellung auch eine Menge schlechtes Gewissen steckt. Unbewußt sagt man sich unter Umständen: »Wenn wir Palästinenser wären, hätten wir ja auch nicht verziehen.« Moshe Dajan hat das 1956, als 41 Jahre alter Generalstabschef, in einer berühmten Rede zum Ausdruck gebracht: »Wer sind wir, daß wir (den Palästinensern) ihren Haß vorwerfen könnten? . . . Vor ihren Augen machen wir zu unserer Heimstätte das Land und die Dörfer, in denen sie und ihre Vorfahren gelebt haben . . . Wir sind eine Generation von Siedlern und können ohne den Stahlhelm und ohne Kanone nicht einen einzigen Baum pflanzen, nicht ein einziges Haus bauen. Laßt uns nicht erschrecken, wenn wir sehen, wie der Haß aufwallt und das Leben von Hunderttausenden von Arabern erfüllt, die uns von allen Seiten umgeben. Laßt uns die Augen nicht abkehren, damit unsere Hand nicht fehle. Das ist das Schicksal unserer Generation, die Aufgabe unseres Lebens – bereit und gewappnet zu sein, stark und hart. Sonst wird das Schwert unserer Hand entgleiten, und unser Leben wird ausgelöscht werden.« Obwohl vor mittlerweile fünfunddreißig Jahren geäußert, klingt das ganze, als wäre es gerade gestern gesagt worden.

Dieser Unglaube an die Chancen eines Friedens bildet im Grunde genommen auch nur ein Alibi dafür, daß man den Preis des Friedens – nämlich die Rückgabe der besetzten Gebiete – nicht zu zahlen gewillt ist. Wenn dem so ist, dann kann es eigentlich egal sein, wem man sie nicht zurückgeben will und warum. Manche wollen sie behalten, weil angeblich der liebe

Gott sie Israel versprochen hat (und viele Israelis, die ansonsten nicht an Gott glauben, glauben doch, daß er dieses Versprechen gegeben hat). Alle berufen sich auf Sicherheitsgründe, die in Israel heiliger sind als die Bibel. Andere wiederum lieben die Landschaft, und sehen – wie viele Liebhaber – in der Liebe einen automatischen Besitzanspruch auf die Geliebte.

Die gegenteilige Einstellung hat es viel schwerer, nicht zuletzt weil sie andere Begriffe erforderlich macht. Sie besagt, daß Israel kein andersartiges Getto ist, sondern vielmehr ein Staat wie alle anderen auch. Als Staat im Nahen Osten muß er verstehen, was seine Nachbarn denken und fühlen und aus welchen Gründen. Weil unsere Nachbarn Araber sind, muß man sich mit diesen verständigen. (Ein bekannter Witz in Israel sagt, daß Moses nicht nur ein Stotterer – im biblischen Hebräisch: »schwerzüngig« – war, sondern auch schwerhörig. Als Gott ihm befahl, sein Volk nach Kanada zu führen, verstand ihn Moses nicht und führte es nach Kanaan.)

Dieser Auffassung nach ist der israelisch-palästinensische Konflikt aufgrund seiner Entstehungsgeschichte zwar schwerer und komplizierter als andere, aber wie jeder menschliche Konflikt kann er gelöst werden. »Schließlich haben die Araber keine sechs Millionen Juden umgebracht, und mit Deutschland habt ihr ja auch Frieden gemacht!«, hat ein arabischer Friedensaktivist einmal ausgerufen. In einer Welt, in der Deutsche und Franzosen innerhalb der EG eng zusammenleben und in der sich Amerikaner und Russen umarmen, können sich auch Israelis und Araber vertragen, wenn man nur bereit ist, die Probleme zu lösen.

Das bedeutet für die israelische Seite: eine allgemeine Neuorientierung, eine Revision der zionistischen Geschichte, eine Bereitschaft, das historische Recht der Palästinenser anzuerkennen, ihnen zu ihrem Nationalstaat neben Israel zu verhelfen, Syrien die Golan-Höhen zurückzugeben, den Arabern in Israel selbst eine wirkliche Gleichberechtigung zu gewähren. Und heißt auf der anderen Seite: die Existenz der israelischen Nation als eine zur Region gehörigen Nation anzuerkennen, offene Grenzen zwischen Israel, Palästina und der ganzen arabischen Welt aufrechtzuerhalten, Sicherheitsregelungen zu schaffen, die Israel und den anderen Staaten ein sicheres Leben ermöglichen.

Visionäre, die immer verachtet werden und oft Recht behalten, sehen darüber hinaus eine schnelle Entwicklung zum wirklichen Frieden, hin zu einer nah-östlichen Wirtschaftsgemeinschaft, einem politischen und einem Sicherheitsbund, einem umfassenden System zur gemeinsamen Wirtschaftsentwicklung, zum Aufbau von regionalen Industrien und regionaler Bewältigung des Wasserproblems. Leute, die heute schon so weit denken, lassen dabei die Risiken nicht außer acht. Auch nach »Friedensausbruch« (wie man in Israel halb scherzhaft sagt) werden die Gefahren für die nächste Zeit große sein, aber bei weitem nicht so groß wie die Gefahren der Kriegspolitik.

Im historisch-philosophischen Sinne könnte man sagen: Der Sprung von der Diaspora ins staatliche Leben schafft ein Sicherheitsproblem anderer Art. Eine der wichtigsten Parolen des Zionismus lautete, daß er den Juden endlich eine sichere Existenz gewähren werde. Das hat sich nicht bewahrheitet, ganz im Gegenteil, gerade der Golfkrieg hat gezeigt, daß das Leben in Israel äußerst unsicher ist. »Israel ist das einzige Land in der Welt, in dem Juden heute massenhaft vernichtet werden können«, hat der unerbittliche Professor Leibovitz verkündet.

Der Zionismus war im Grunde genommen eine Entscheidung, wieder als Subjekt in die Weltgeschichte einzusteigen, nachdem Juden 1800 Jahre lang nur ein Objekt der Geschichte waren. Man wollte endlich wieder Herr seines eigenen Schicksals sein, imstande sein, sich im Kollektiv zu verteidigen. Damit war eine neue Gefahr verbunden, die man am Anfang nicht ganz begriffen hatte. In der Diaspora war jeder Jude hilflos seinem Schicksal ausgeliefert, aber das jüdische Volk als Gemeinschaft genoß in der Zerstreuung eine besondere Art von Sicherheit: Man konnte fliehen. Wenn die jüdische Gemeinde in einem Lande vernichtet oder vertrieben wurde, so konnte sie immer noch in einem anderen Land gedeihen. Als die Kreuzfahrer Völkermord im Rheingebiet betrieben, flohen die Juden in das gastfreundliche Polen und nahmen die deutsche Sprache von damals mit. Als dann Polen gefährlich wurde, zogen sie massenhaft nach Amerika. Sogar Hitler mit seiner industriellen Massenmordmaschine ist gescheitert. Er hat sechs Millionen Juden umgebracht, aber das jüdische Volk hat das Dritte Reich überlebt. Das gesamte Leben in der Diaspora war auf dieser Mobilität aufgebaut. Juden wurden Dichter, Schriftsteller, Mathematiker, Ärzte, aber nicht Architekten. Buchstaben, Ziffern, Ideen im Kopf kann man mitnehmen, wenn man Hals über Kopf fliehen muß, Gebäude aber nicht.

Der Zionismus hat diese Art »gefährlicher Sicherheit« mit einer anderen Art gefährlichen Lebens vertauscht. Israel kann sich verteidigen. Es hat eine militärische Macht entwickelt, die ganz »unjüdisch« ist. Aber damit hat die israelische Nation – denn es ist eine neue Nation, die aus dem Judentum entstanden ist – eine andere Gefahr auf sich genommen. Damit muß man sich jetzt abfinden.

Ein psychologisches Phänomen, das Nicht-Israelis (und manchmal auch Israelis selbst) verwirrt, ist eine Art doppelter Mentalität. Israelis sehen sich selbst einerseits als eine dominante Militärmacht im Nahen Osten, während sie sich andererseits zur selben Zeit auch in einer Fortsetzung des Warschauer Gettos zu befinden glauben. Holocaust und Sechs-Tage-Krieg, Opfer sein und Sieger sein, das liegt in der israelischen Volksseele nebeneinander und untereinander. Israelische Politiker appellieren häufig in einem Satz an beide Vorstellungen zugleich.

Gerade aufgrund der wirklichen Gefahren glauben »linke« Israelis, daß der Frieden für Israel keinen Luxus darstellt. Auf lange Sicht kann kein Staat existieren, wenn alle seine Nachbarn in ihm einen Todfeind sehen. Israel darf kein neuer Kreuzritterstaat werden. Der Staat ist nicht in der Lage, sich zu einem Sammelbecken der Wissenschaft und Kultur, einem gedeihenden technologischen Industriestaat zu entwickeln, noch kann er eine Masseneinwanderung aufnehmen, wenn er den

Großteil seiner Energien und seines Etats, die besten Talente seiner Jugend, dem Moloch der Verteidigung opfern muß.

*

»Rechte« in Israel glauben nicht an den Frieden und halten ihn auch nicht für nötig, »Linke« dagegen glauben, daß der Frieden möglich und lebenswichtig ist. Es gibt noch eine dritte Vorstellung, und vielleicht wird gerade die sich am Ende durchsetzen, obwohl oder gerade weil sie ideologielos ist. Israelische Meinungsforscher, die im Lande nicht so angebetet werden wie ihre deutschen Kollegen, sind seit einiger Zeit von ihren eigenen Ergebnissen verblüfft. Verschiedene Meinungsumfragen zeigen, daß eine Mehrheit der »erwachsenen jüdischen Bevölkerung« in Israel den »Transfer« – also die Massenvertreibung aller Araber aus den besetzten Gebieten – befürwortet. Die Mehrheit ist aber auch für Verhandlungen mit der PLO, und das bedeutet die Errichtung eines Palästinenser-Staates in den besetzten Gebieten.

Diese Resultate schließen sich ohne Zweifel gegenseitig aus. Es kann keine zwei Mehrheiten geben. Was stimmt da also nicht? Die Lösung des Rätsels ist so einfach wie das Ei des Kolumbus, obwohl die Meinungsforscher das nicht verstanden haben. Wie Intellektuelle generell dachten sie nämlich in Kategorien, die Gefragten aber taten genau das nicht.

Man könnte die wahre öffentliche Meinung in Israel folgendermaßen definieren: Was die große Mehrheit mehr als alles andere wünscht, ist, in einem jüdischen Staat zu leben, einem Staat, in dem die Juden unter sich und ohne »Gojim« leben können. Sie wollen keinen binationalen Staat, keinen nichtnationalen Staat und sicher keinen Staat, in dem, wie jetzt in Groß-Israel, mehr als 40 Prozent der Einwohner Araber sind.

Der Glaube an den Status quo – nämlich, daß ein jüdischer Staat existieren könnte, der zwei Millionen Nicht-Juden in den besetzten Gebieten hält, die zwar in Israel arbeiten, aber unsichtbare Personen sind – diese Idee ist der Intifada zum Opfer gefallen.

Ein einfacher Israeli sagt sich: Wenn man alle Araber rausschmeißen könnte, wäre es wunderbar. Geht das nicht, so ist es besser, auf die besetzten Gebiete zu verzichten. Sollen sich die Araber samt ihrer Gebiete zum Teufel scheren. Wer so denkt, antwortet den Meinungsforschern, zu ihrem großen Entsetzen, mit einem Ja auf die beiden, letztlich entgegengesetzten Fragen. Je schlimmer und stärker die Intifada wird, desto größer die Wut der Israelis auf die Palästinenser, desto mehr gewinnt diese Einstellung an Gewicht.

Der Transfer ist praktisch undurchführbar. Jeder ernsthafte Versuch würde sofort in einen lang andauernden Krieg münden und gleichzeitig die Weltöffentlichkeit empören. Er würde in Israel selbst zu einer leidenschaftlichen Spaltung führen, die auch die israelische Bürgerarmee auseinanderrisse.

Wenn sich solch eine Mehrheit bildet, oder sie aber schon besteht – wie wirkt sich das politisch aus? Das ist der springende Punkt, die Kernfrage, auf die niemand eine Antwort besitzt.

Israel ist ein demokratischer Staat – jedenfalls innerhalb seiner Staatsgrenzen. Aber in Israel – wie auch in manchen anderen Demokratien – besteht keine automatische Kraftübertragung zwischen der Volksmeinung und den politischen Triebkräften. Aus innenpolitischen Gründen regieren die Rechtsparteien, die Arbeiterpartei ist lahmgelegt, die Friedensbewegung ist entkräftet. Es gibt Leute, die glauben oder hoffen, die Lage werde sich von innen und von außen so entwickeln, daß sogar der Likud, wenn auch widerwillig, zu einer Friedenslösung gedrängt werde. Andere hoffen auf einen Umschwung innerhalb der Arbeiterpartei. Wieder andere glauben ganz einfach, daß sich in einer Demokratie der Volkswille doch irgendwie durchsetzen wird.

Eine neue Art von Fatalisten liest die täglichen Schreckensmeldungen – zwölfjähriger Junge in einem palästinensischen Dorf von Soldaten erschossen, vier israelische Frauen in Jerusalem von einem islamischen Fanatiker erstochen – und sagt: Es muß noch schlimmer werden, bevor beide Völker zur Besinnung kommen und die Vernunft sich durchsetzt. Die List der Vernunft ist grausam. Wie für Goethes Mephistopheles ist die Gewalttätigkeit beider Seiten ein Teil jener Kraft, die stets das Böse will und stets das Gute schafft.

Auch solche optimistischen Pessimisten – oder umgekehrt – vermehren sich zusehends. Sie glauben, daß der Frieden nicht aus Idealismus geboren wird, nicht weil jedes Volk aufgrund der Güte seines Herzens das Recht des anderen erkennen wird, sondern weil eben die beiden Völker sich nicht mehr ausstehen können. Frieden aus Haß, nicht aus Liebe. Aber auch solch ein Frieden kann gedeihen und zu etwas Besserem führen.

Ein hebräisches Sprichwort sagt, daß sogar derjenige, der die Thora zuerst nicht um ihrer selbst willen lernt, sie am Ende doch um ihrer selbst willen lernen wird.

*

Der Golfkrieg war eine kleine Episode der Weltgeschichte. Aber im Nahen Osten kann er ein Scheidepunkt gewesen sein. Er hat gezeigt, wie ein zukünftiger Krieg im Nahen Osten aussehen wird: Giftgas, Fernraketen, vielleicht nukleare und biologische Waffen der Massenvernichtung werden zum Einsatz kommen. Er hat gezeigt, mit welcher Plötzlichkeit der Nahe Osten wegen eines seiner zahlreichen Probleme explodieren kann und wie die ganze Welt davon betroffen wird. Er hat gezeigt, daß das Palästina-Problem nicht einfach verschwindet. – Am nächsten Tag stand es wieder im Mittelpunkt.

Israel lebt auf einem aktiven Vulkan. Auf seine brutale Art hat der Golfkrieg jeden Israeli daran erinnert. Nur der Frieden kann diesen feuerspeienden Berg zum Erlöschen bringen.

Der Autor

Uri Avnery wurde am 10. September 1923 im westfälischen Beckum geboren. 1933 mußte er nach Palästina emigrieren, war von 1938 bis 1942 Mitglied der Irgun, kämpfte 1948 in der Haganah und wurde im Dezember 1948 verwundet. Seit 1950 ist er Herausgeber und Chefredakteur des angesehenen Wochenmagazins *Haolem Hazeh* (Diese Welt). Er ist einer der Vorsitzenden der Progressiven Friedensliste und Gründungsmitglied des Israelischen Rates für Israelisch-Palästinensischen Frieden in Israel. Für drei Legislaturperioden gehörte er der israelischen Knesset an. Seit der Gründung des Staates Israel setzt sich Uri Avnery unermüdlich für den Frieden zwischen Juden und Palästinensern ein. Sein Eintreten für gegenseitige Toleranz und Anerkennung, für den Rückzug Israels in die Grenzen vor 1967 und für das friedliche Nebeneinander von Israel und Palästina als zwei unabhängigen, befreundeten Staaten hat Uri Avnery weit über Israel hinaus bekannt gemacht.

Seine politische Biographie veröffentlichte Uri Avnery 1988 unter dem Titel »Mein Freund, der Feind« bei J. H. W. Dietz Nachf.

1990 gab Uri Avnery nach über 40 Jahren die Herausgabe von *Haolam Hazeh* ab und beendete seine Tätigkeit als Chefredakteur. Er arbeitet jetzt als freier Journalist und schreibt derzeit an einem Buch über seine Reisen im postkommunistischen Osteuropa.

Uri Avnery
Mein Freund,
der Feind

Im gleichen Verlag erschienen:

Uri Avnery

Mein Freund, der Feind

Mit einer aktualisierenden Einleitung des Autors
Deutsch von Barbara Bortfeldt

Es war eine Weltsensation, als der israelische Politiker und Journalist, Herausgeber des renommierten Nachrichtenmagazins „Haolam Hazeh“, Uri Avnery, am 3. Juli 1982, mitten im von der israelischen Armee belagerten Beirut, mit dem Führer der PLO, Yassir Arafat, zu einem Gespräch zusammentraf. Dieses Treffen markierte den Höhepunkt der Friedensbemühungen, die mit streng geheimen Kontakten zu hochrangigen PLO-Vertretern in London 1974 begonnen hatten und zu zahlreichen Gesprächen in ebenso zahlreichen Ländern führten, an denen Könige, Präsidenten und Premiers von sechs Regierungen beteiligt waren.
„Mein Freund, der Feind“ ist nicht nur die spannend und lebendig erzählte Geschichte dieser Verständigung, sondern ebenso der sehr persönliche Bericht über Menschen, die für ihre Bemühungen um Frieden zwischen Israel und den arabischen Staaten ihr Leben riskierten und – wie Sa'id Hammami und Issam Sartawi von der PLO – verloren. Mehr noch ist es die politische Autobiografie eines Mannes, der wie kein anderer diese Geschichte erzählen kann, dessen Leben eng verknüpft ist mit dem Entstehen des Staates Israel und den Bemühungen um einen dauerhaften Frieden zwischen den feindlichen Brüdern im Nahen Osten.